Running on Empty: Overcome Your Childhood Emotional Neglect

童年情感忽視

為何我們總是渴望親密，卻又難以承受？

鍾妮斯・韋伯博士 *Jonice Webb* —————— 著
張佳棻 —————— 譯

童年情感忽視自我評量表

當情感忽視發生在孩子身上，通常非常微妙——你無法看見這件事，也無法記得它。身爲成人的你可能會好奇：「那麼，我要怎樣才能知道自己是不是有童年情感忽視的問題呢？」這樣的困惑，就是我設計「情感忽視測驗」（Emotional Neglect Questionnaire, The ENQ）的確切原因。這是一系列你可以用「是」或「否」作答的問題，你的分數不只會讓你知道自己是不是遭受童年情感忽視，同時也能讓你知道童年情感忽視發生在你生活中的哪個特定面向。

童年情感忽視自我評量表

在回答「是」的題目上記下一分，並在最後把分數加總起來。

是	否	
□	□	1.和家人或朋友在一起的時候，你是否會覺得格格不入？
□	□	2.你是否對於自己可以不用依賴別人而感到驕傲？

□ □ 3.你是否對於尋求別人的幫助感到爲難？

□ □ 4.有沒有朋友或家人說你看起來很冷淡或是不好親近？

□ □ 5.你是否覺得自己尚未發揮生命的潛能？

□ □ 6.你是否經常希望別人不要來打擾你？

□ □ 7.你是否暗中覺得自己是個騙子？

□ □ 8.你是否經常在社交場合中感到不自在？

□ □ 9.你是否經常對自己感到失望或憤怒？

□ □ 10.你是否在批判自己的時候比批判別人還要嚴格？

□ □ 11.在與別人進行比較的時候，你是否經常覺得自己欠缺了某些東西而感到可悲？

□ □ 12.你是否覺得愛動物比愛人類容易？

□ □ 13.你是否經常莫名其妙地感到不安或不快樂？

□ □ 14.你是否無法瞭解自己究竟有什麼感覺？

□ □ 15.你是否不知道自己的強項和弱點在哪裡？

□ □ 16.你是否偶爾會覺得自己像是從外面看著一切的局外人？

□ □ 17.你是否覺得自己輕易就可以隱居起來？

是	否	
□	□	18. 你是否無法安撫自己？
□	□	19. 你是否覺得有某些東西妨礙你活在當下？
□	□	20. 你是否偶爾覺得心裡很空虛？
□	□	21. 你是否暗自覺得自己可能在某些地方有毛病？
□	□	22. 你是否覺得維持自我紀律非常困難？

回頭看看你答「是」的題目，這些題目提供了一個切入點，讓你知道自己可能在哪些方面遭受童年情感忽視。你回答「是」的題目越多，就代表童年情感忽視對你有著越大的影響力。

謹將此書獻給我的個案們

目錄

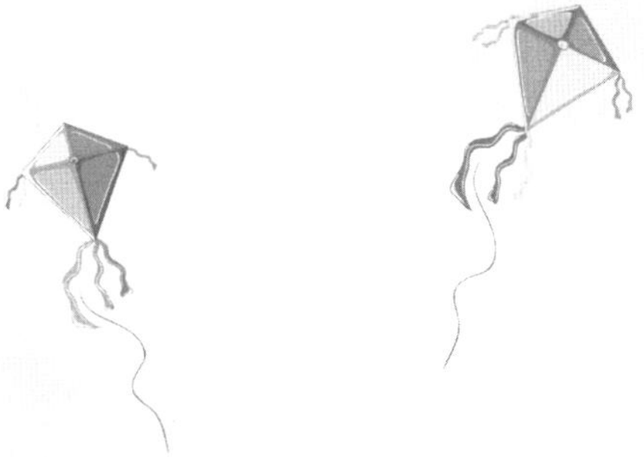

第二部 燃料已枯竭：成年後的行為特徵 111

第3章 受情感忽視者的十種特質 113

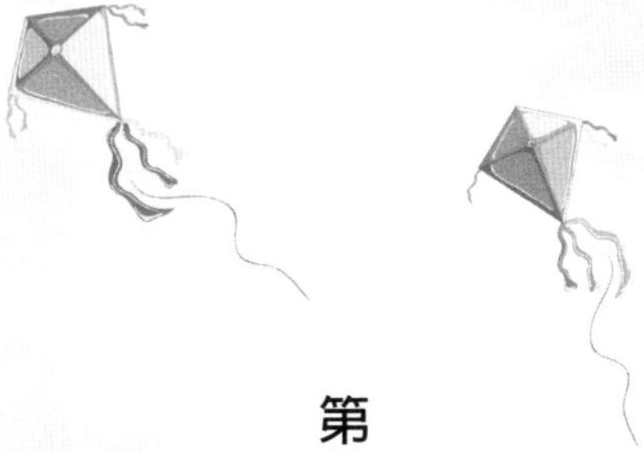

好評推薦

關於那些你在童年時期沒有得到的東西——父母的引導、父母與孩子在情感上的連結，以及在某些例子中，父母的愛——這是一本極好的書。在這本令人振奮、可能改變人生的著作中，作者探討了我們在童年時期時，由於主要照顧者在情感上的疏忽所造成的傷害，並且教導我們療癒這種創傷的方法。

——泰倫斯·瑞爾（Terrence Real）

享譽國際的家庭治療師、暢銷書作者、《早安美國》和《ABC新聞》的常態性特別來賓

《童年情感忽視：爲何我們總是渴望親密，卻又難以承受？》以充滿說服力且清晰易懂的方式，爲我們說明「情緒傳承」是如何由父母延續到子女身上。這本書告訴我們，我們在兒時所接受的教養，會如何在成年以後持續地影響我們的情感和社交關係。韋伯博士以一種豐富、溫暖並帶著同理心的口吻直接向我們訴說，幫助我們瞭解自己在情感上的障礙，並且爲我們指點出一條明路。

——傑弗瑞·皮卡兒博士（Jeffrey Pickar, Ph.D.）

哈佛醫學院精神醫學系心理學臨床講師

閱讀韋伯博士的《童年情感忽視：爲何我們總是渴望親密，卻又難以承受？》一書，對我的兒童暨青少年心理學家這份工作產生了直接的衝擊。對於「童年情感忽視」這個概念的構思，以及童年情感忽視對於發展中兒童的重大影響，她在書裡說明得非常清楚，而且這是我在其他地方從來沒有聽過的。韋伯博士爲臨床醫師提供了許多工具，讓臨床醫師在與個案進行療癒工作的時候，可以辨認出該名個案是否曾經在家庭裡遭受童年情感忽視。更重要的是，此書提供了一些臨床指導原則，可以幫助家有兒童和青少年的父母終結正在孩子身上運作的童年情感忽視。

——史蒂芬妮．M．克里斯伯格心理博士（Stephanie M. Kriesberg, Psy.D.）

兒童暨青少年心理學家

麻薩諸塞州萊辛頓

【楔子】
發現「童年情感忽視」的蹤跡

寫這本書是我這輩子最美妙的經驗之一。當「童年情感忽視」這個概念在我腦海裡逐漸清晰、成形之際，它不只改變了我在心理學這個領域執業的方式，也改變了我的世界觀。我開始在每個地方都看到「情感忽視」：偶爾會在我教養孩子或是與丈夫互動的時候發現它的蹤跡，或是在賣場裡，甚至是在電視的實境節目中看見它。我發現自己經常在思考，如果人們可以覺察到這些影響我們所有人的隱形力量，也就是「情感忽視」，那會爲我們帶來多大的助益。

幾年過去了，看著這樣一個概念成爲我工作中的重要面向，並且藉由我的工作而完全確認了它的價值，最後我決定和我的同事，也就是克莉斯汀．穆賽羅博士（Dr. Christine Musello），分享我的發現。克莉斯汀當下就表明了她對這個概念的理解，並且很快地就像我一樣，也在自己的臨床工作中開始看見「情感忽視」無所不在。我們開始一起工作，爲這個現象描繪出輪廓和定義。一開始的談話之所以能夠轉化爲情感忽視這一概念，穆賽羅博士貢獻良多。因爲她毫不遲疑地擁抱這樣的概念、肯定了它的作用，讓我受到極大的鼓舞而得以進一步發展這個工作。

雖然穆賽羅博士後來無法和我一起完成本書的撰寫，她在這本書的起步階段依然爲我提供了許多支持。她起草了本書開頭的幾個部分，以及案例的描繪，因此我相當樂意在此肯定她的貢獻。

【序章】

撫平深埋在童年時期的隱形傷口

關於童年，你還記得些什麼呢？就算你無法記得很多事情，然而，幾乎每個人都能夠想起童年的某些點滴片段。或許你有些美好的回憶，像是全家人一起度假、和老師或朋友共度的歡樂時光、夏令營或是學業上的得獎紀錄；也有一些不好的回憶，像是家庭裡的衝突、手足之間的競爭、學校裡的問題，甚至是某些令人難過或困擾的事件。《童年情感忽視：爲何我們總是渴望親密，卻又難以承受？》一書，與這些記憶一點關係也沒有。事實上，它並不是關於你的記憶或是任何發生在你童年的事件。這本書的寫作動機，是爲了幫助你覺察那些在你童年時期「沒有發生」的事情、那些你「不記得」的事情。因爲和你所記得的事情比起來，那些沒有發生的事情，對於形塑你成年的面貌有著同樣重要、甚至更爲強大的影響力。你正在閱讀的這本書會告訴你，那些沒有發生的事情會爲你帶來什麼樣的後果——一股看不見、然而卻對你的生命產生影響的力量。我會幫助你釐清，看看你是不是受到這股隱形力量的影響，以及如果是這樣的話，要如何克服它。

有許許多多的人，外表體面光鮮、生活運作自如、擁有良好的能力，然而私底下卻經常覺得有種不圓滿或是疏離的感覺。「爲什麼我沒有比較快樂？」「爲什麼我沒有更好的成就？」「爲什麼我的生命沒有變得更有意義？」這些問題通常就是來自那股正在作用的隱形力量。提問的人通常認爲自己擁有慈愛、善良的父母，在回憶童年的時候，想到的也大多是快樂和健康的回憶。所以在成人以後，他們把一切感覺不對勁的地方都怪罪到自己身上。他們不知道有某種他們不記得的影響力……某種看不見的力量正在影響著他們。

看到這裡，你可能會想：「這股看不見的力量究竟是什麼？」你可以放心，它並不是什麼恐怖的事物，也不是什麼超自然、靈異或是怪誕的東西。事實上，它是一種相當普遍的、與人類有關的事情，它存在於全世界、存在於每一天，然而卻沒有發生在我們的家庭裡。我們不知道它的存在、它有什麼重要性、或者對我們有什麼影響力。我們沒有字眼可以形容它，我們不會想到它，也不會談論它。我們看不見它；我們只能感覺它。然而當我們感覺到它的時候，卻不知道我們感覺到的是什麼東西。

在這本書中，我終於爲這股力量取了一個名字，我把它叫做「情感忽視」（Emotional Neglect）。這和疏於照顧身體不同。讓我們來談談究竟什麼是情感忽視。

我們都知道「忽視」（neglect）一詞，它是一個相當常見的詞彙。根據《韋氏大字典》，「忽視」一詞的意義是：「給予對方極少的注意力或關心，或是不理不睬；特別是因爲粗心而任其自生自滅。」

在社會工作的心理健康專業領域中，「忽視」是一個經常被提到的字眼，通常被用來指稱那些「身體需求」沒有被滿足的依賴者，像是兒童或老人，譬如在冬天沒有穿外套就去上學的兒童，或是成年女兒老是「忘了」爲她補給日用品的獨居老人。

純粹的情感忽視是看不見的。它極其隱諱，很少有具體或是可見的徵兆。事實上，很多在情感上受到忽視的孩子，在身體上都受到非常良好的照顧。他們很多都出生在看似美滿的家庭，從外在的徵兆來看，我們很難說這本書的寫作對象受到忽視；事實上，一般人也不認爲他們是受到忽視的。

既然如此，爲何要寫這本書？畢竟，如果學者專家一直以來都沒有注意到情感忽視這個主題，那麼它能有多大的殺傷力？事實是，那些受到情感忽視的人都處於痛苦之中，但是他們不知道爲什麼會這樣。而且常見的是，治療師也拿他們沒辦法。這種「看不見的掙扎」經常會妨礙那些受苦的人尋求解決之道，甚至是妨礙那些想要幫助他們的專業人士，所以在寫這本書的時候，我特別針對這一點來指出、界定，並且提供一些解決方法，希望能夠對那些在沉默之中受苦、那些想著自己究竟出了什麼問題的人們帶來幫助。

情感忽視之所以如此地不受重視，有個很好的解釋：它會躲藏。它藏身在「疏忽」這樣一種過失中，而不是表現爲明顯的罪愆；它是家庭照裡頭留白的部分，而不是照片本身捕捉到的事件。它通常是童年時期「沒有」被說出來、「沒有」被觀察到、「沒有」被記得的事情，而不是那些表現出來的事情。

舉例來說，父母可能會爲孩子提供溫暖的居所、足夠的食物與衣物，而且從來不會虐待或是虧待孩子。但是同樣的父母可能不會注意到正處於青春期的孩子在嗑藥，或是他們可能給了孩子太多自由，而沒有設立一些可能會導致親子衝突的限制。當這個青少年長大成人，日後回顧的時候，可能會看到一個「理想的」童年生活，卻永遠不知道自己的父母並沒有以他們當時最需要的教養方式來照顧自己。如果這個青少年所做的某些可悲選擇讓他後來的生活陷入了困境，他可能會怪罪自己「我眞的很難搞」、「我的童年是那麼美好，但是我卻沒有獲得更高的成就。對於這一點，我沒有任何藉口。」身爲治療師，我聽過許多高功能、爲人相當好的個案說出這樣的話，他們不知道「情感忽視」是他們童年中一股隱形、強大的力量。這僅僅是一個例證，還有許許多多其他的方式，可能會讓父母在情感上忽略孩子，讓孩子在沒有情感補給的狀況下持續空轉。

在這裡，我要補充一個重要說明：我們所有人都能夠舉出例子，說明父母是怎樣在某個地方辜負了我們。沒有完美的父母，也沒有完美的童年。我們知道，絕大部分的父母都努力地試著做一些爲孩子好的事情。爲人父母，當我們知道自己犯了某些教養錯誤時，幾乎總是能夠立刻著手改進。這本書的用意並不在於羞辱父母，或是讓父母覺得自己很失敗。事實上，在這本書中，你會看到許多慈愛又善良的父母，但是就根本上來說，他們仍然在某些點上忽視了他們的孩子。在教養孩子的時候，所有父母都會偶爾犯下一些不會造成任何眞實傷害的情感忽視行爲，一直到事態擴大，孩子開始在情感上「挨餓」，問題才會顯露出來。

不管父母教養失敗的程度如何，在情感上受到忽視的孩子都會覺得有問題的人是自己，而不是因爲父母做了什麼事情而虧待了他們。

這本書包含了許多案例，它們來自我的臨床個案和許多其他相關人士——他們在生活中與悲傷、焦慮或是空虛的感覺纏鬥不休，卻不知道該怎麼形容這種掙扎，也不知道爲什麼會這樣。這些遭受童年情感忽視的人，通常知道要怎麼給予別人想要或是需要的東西，在大部分的社會情境當中，他們也很清楚別人對自己的期望。但是當這些受苦的人在面對自己的內在生活時，卻無法定義、解釋其中究竟出了什麼問題，以及這些問題對他們造成了什麼樣的傷害。

這並不意味那些遭受童年情感忽視的成年人不會表現出可見的症狀，只是那些症狀，尤其是那些讓他們必須求助於心理治療的症狀，總是僞裝成其他東西：憂鬱症、婚姻問題、焦慮症、憤怒議題。那些遭受童年情感忽視的成人，錯誤地將自己的不快樂標示成各種症狀，並且對於向外求助這件事感到相當不好意思。因爲他們從未學著去辨認或是連結自己眞實的情感需求，以致治療師很難讓他們在特定的療程中待上足夠的時間，以幫助他們更加瞭解自己。所以，這本書不單是爲了那些受到情感忽視的人所作，也是爲了心理治療專業人士所寫，他們需要工具來對抗個案長期以來對自己缺乏慈悲心的現象，而這可能會妨礙療程達成它的最佳效益。

不管你翻閱這本書的原因，是因爲你正在爲自己內心的空虛和不圓滿的感覺尋求解答，或者你是一個心理健康專業人士，想要幫助陷入泥沼的個案尋求解脫，本書都能夠爲那道看不見的傷口提供具體的解決之道。

我在這本書中，使用了許多案例來說明童年時期和成年時期情感忽視的各種面向，所有的描繪都是由臨床經驗而來的眞實故事——不管那是我的臨床經驗或是穆賽羅博士的臨床經驗。不過，爲了保護個案的隱私，我改變了他們的名字、特徵、以及其他細節，所以這些描繪並不指向特定的眞實人物，無論他們尙在人間或者已經過世。唯一的例外是出現在第一章、第二章跟齊克此一個案有關的描繪，它們純屬虛構。我之所以創造這些描繪，意在用來描述不同的教養風格會對同樣一個男孩造成什麼樣的影響。

【第一部】

空轉的開始：
什麼是童年情感忽視？

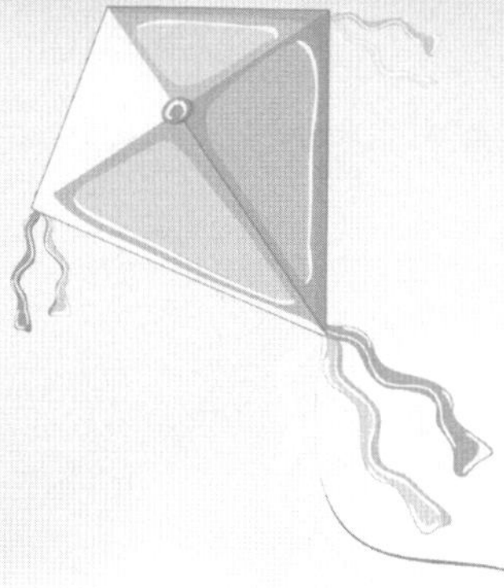

1

健康的教養與情感忽視的教養

對「好父母」的兩點忠告

「……我試著讓人們注意到這一點：一個尋常的好母親，身邊伴隨著一個支持她的丈夫，並且僅僅是透過她對自己所生嬰兒的奉獻，光是這樣一個開始，就能夠對個人以及社會產生巨大的貢獻。」

——唐諾・溫尼考特（D. W. Winnicott）

《給媽媽的貼心書：孩子、家庭和外面的世界》（*The Child, the Family, and the Outside World*，1964）

要將一個孩子養育成健康、快樂的成人，你不需要教養大師、聖人、或是一個心理學博士（感謝老天！）來告訴你應該怎麼做。唐諾・溫尼考特是一名兒童精神病學家、研究者、作家、以及心理分析師，在他超過四十年的寫作生涯當中，他經常會強調上述這一點。時至今日，我們知道「父親」這個角色在孩子發展的過程中，就像母親一樣，有著同等的重要性。即便如此，溫尼考特觀察母性所得來的事實，就根本上來說，依舊沒有改變：要驅動一個孩子的成長和發展，讓他可以長成一名有著健康情緒、能夠與自己的情感有所連結的成年人，最低限度的親子情感連結、親子共感（感同身受，empathy）、以及父母對孩子有著持續的注意力是必要的。小於這個最低限度，孩子長大以後就會產生各種情緒困擾。他或許能夠獲得外在世界的成功，但是內心卻會感到空虛，覺得自己彷彿缺少了什麼，而這是其他人無法看見的。

在溫尼考特的著作當中，他創造了一個廣爲人知的新詞彙「夠好的母親」（good enough

mother），來描述那些用「夠好」的方式來滿足自己孩子需求的母親。「夠好」的教養有許多形式，然而不管是在什麼時候、在什麼文化裡，以這種方式教養孩子的母親，都會致力於找出孩子的情感和生理需求，並且以「夠好」的方法來滿足這些需求。大部分的父母都具備這樣的資格。就像所有的動物一樣，我們人類在生理上就被設定好要扶養孩子，讓後代繁榮興旺。但是如果生活情況干預了教養，會發生什麼事？或者當父母自己有健康上的問題，抑或有重大的性格缺陷，事情又會變得如何？

你是不是由「夠好」的父母扶養長大的呢？在這一章的最後，你將會知道「夠好」是什麼意思，到時候你就能夠爲自己找出這個問題的答案。

但是，首先……

如果你除了讀者的身分外，同時也是一名家長，你可能會發現自己犯了這本書裡所呈現的某些教養錯誤，也會對於案例中孩子的某些情感經驗產生同感（毫無疑問地，這是因爲你對於自己很嚴格）。因此，我要請你仔細注意以下的警告：

首先，所有的好父母偶爾都會覺得自己在情感上辜負了孩子。沒有人是完美的，我們都有疲倦、暴躁、充滿壓力、分心、無聊、困惑、疏離、喘不過氣，或者是必須在這裡妥協、在那裡妥協的時候，但我們並不會因爲這樣就成爲在情感上忽視孩子的父母。我們可以用以下兩個特徵的其中一個來辨認出在情感上忽視孩子的父母，通常他們都會同時具備這兩個特徵：他們要不就是在遭遇生活危機的時候，以某種嚴重的方式忽略了孩子的情感，爲孩子留下一道難以治癒的傷口（突發性的共感失敗）；要不就是在孩子的發展過程當中，對於孩子的某些需求一直視而不見、充耳不聞（長期性的共感失敗）。這個世界上的每個家長都可以回想起某個讓自己不禁捏一把冷汗的教養錯誤，他們知道自己在某個點上辜負了孩子。不過在「情感上」忽視孩子的父母所能造成的最重大傷害，是由於他們對於成長中孩子的需求不聞不問、日積月累而形成。

其次，如果你真的在情感上受到忽視，而且現在你也已經爲人父母，當你在讀這本書的時候，很有可能會看見自己以某種方式將情感忽視這種狀況延續到你的孩子身上。如果是這樣，有件事情對你而言至關重要——你必須明白這一切並不是你的錯。因爲情感忽視看不見，它在暗處埋伏，而且很容易代代相傳，要停止它幾乎不可能，或是非常困難，除非你對它發展出明確的覺察。既然你正在閱讀這本書，你便已經比自己的父母進步好幾光年了。你有機會可以改變這樣的模式，而且你已經抓住了這個機會。情感忽視的效果可以被逆轉，而你即將學到爲自己、爲你的孩子逆轉這些教養模式的方法。繼續讀下去，並且請不要責怪你自己。

情緒健康父母需具備的三種情感技巧

要瞭解情緒在健康教養中的重要性，最好的方式就是透過「依附理論」（attachment theory）。依附理論描述了自嬰兒時期開始，我們如何透過父母來滿足自己對於安全感和情感連結的需求。許多與人類行爲有關的看法都是從依附理論發展而來，而類似的思考，大部分可以追溯到最早的依附理論家，亦即精神病學家約翰・鮑比（John Bowlby）。他花費了好幾千個小時觀察親子互動（主要是母嬰關係），由此建構了自己對於親子關係的瞭解。這個理論相當淺顯易懂，它認爲如果一個家長可以在孩子的嬰兒時期，有效地辨認出孩子的情感需求、並且滿足這樣的需求，就會在彼此之間形成「安全依附關係」，這樣的基礎會延續一生。這種最初的依附關係，是個人在日後構成正面自我形象的基礎，也是孩童時期延續到成年時期整體幸福感的來源。

如果從依附理論的視角來看待情緒健康，我們可以在父母身上發現三種基本的情感技巧：

1. 父母能夠對孩子感覺到情感上的連結。
2. 父母能夠把注意力放在孩子身上，將他看成一個獨特且獨立的個體，而不是他自己的延伸、財產、或是負擔。
3. 運用情感連結和注意力，父母能夠充分地回應孩子的情感需求。

雖然這些技巧聽起來很簡單，但是組合起來卻可以成爲強大的工具，能夠幫助孩子認識並駕馭自己的本性，也能在親子之間創造出安全的情感連結，伴隨孩子走過童年，直到長大成人，這麼一來，他們便能以一種健康的情緒來面對這個世界，擁有快樂的成年生活。簡單來說，如果父母對於孩子獨一無二的情感本質保持正念的覺察，他們就會養育出擁有堅強情感的成年人。有的父母能夠以直覺來達成這樣的目標，有的父母則是必須透過學習某些技巧來完成這樣的任務。無論是哪種情況，孩子都不會受到忽視。

【案例1】

跟老師頂嘴的齊克

齊克是一個早熟而又超級好動的三年級生，來自一個氣氛悠閒、充滿愛的家庭，是三個孩子中的老么。最近他因為在學校跟老師「頂嘴」而惹上麻煩。發生這個狀況的那一天，老師寫了一張說明他叛逆行為的字條要他帶回家，上頭這麼寫著：「齊克今天對老師無禮。」

齊克的母親要他坐下來，問他究竟發生了什麼事。齊克以一種氣惱的語調告訴媽媽，下課的時候，蘿洛老師要他不要把鉛筆放在指尖上平衡，還把尖端朝上，因為這樣他可能「會讓筆刺到臉」。他皺眉並且瞪著蘿洛老師，告訴老師，他最好會「直直地朝筆尖低下頭」（他示範）來刺自己的臉，還說自己「沒有那麼笨」。蘿洛老師對於這件事的回應就是沒收他的鉛筆，把他的名字記在黑板上，並且要他帶著警告的字條回家。

在我們描述齊克的母親真正的反應之前，先讓我們搞清楚，齊克需要在接下來的親子互動當中得到什麼：他因爲跟老師衝突這件事而感到心煩，但他平常是很喜歡這個老師的，所以他會需要母親的同理心；另一方面，他也必須知道老師對他有什麼期望，這樣他才能在學校有好的表現；最後，如果他的母親有注意到（情感注意力）他最近對於「被當成三歲小孩」這件事情特別敏感（因為年齡的緣故，他的哥哥和姊姊總是對他不理不睬），對這次的溝通將會很有幫助。

要幫助齊克解決他的問題，他的母親需要上述的三個技巧：與孩子在情感上連結、付出注意力、並且充分回應。

以下是這對母子之間的對話：

媽媽：「蘿洛老師擔心你會傻到把筆尖戳進眼睛，但是不知道你會因為她這麼說而感到**丟臉**。不過當老師要你別做某件事情，理由是什麼並不重要，你就是得停下來。」

齊克：「我知道！我試著告訴她我的想法，但是她根本就不聽！」

媽媽：「是啊，我知道如果有人不讓你說話，你會感到多麼**挫折**。蘿洛老師不知道你最近正面臨著哥哥、姊姊不聽你說話的問題。」

聽見母親表示理解，齊克稍微放鬆了一點：「對啊，她讓我覺得很**挫折**，竟然還沒收我的鉛筆。」

媽媽：「你一定覺得很難過。不過，你想想看，蘿洛老師的班級那麼大，所以她沒有時間和你好好把事情講開，就像我們現在做的一樣。**如果學校裡有大人**

要求你做什麼，你立刻照做就是了。這件事情**相當**重要。你可以試試看照著他們說的話做，不要頂嘴嗎，齊克？」

齊克：「好吧，媽。」

媽媽：「太好了！**如果你照著蘿洛老師說的話做，就不會有麻煩了**。如果你覺得這麼做不公平，你可以回家以後再跟我們抱怨沒關係。但是身為學生，尊重的意思就是對老師的要求表示合作。」

在上述對話中，這位母親的回應是一個複雜的例子，顯示出溫尼考特所描述的那種健康、有情感連結的教養，可以引導孩子成爲健全、快樂的成人。那麼她究竟做了什麼呢？

- 首先，在她表現出任何反應「之前」，她請兒子告訴她發生了什麼事，藉此與他產生情感上的連結。她沒有任何意圖要讓兒子對這件事感到羞愧。
- 接著，她仔細地傾聽兒子的心聲。當她開始說話的時候，她給了兒子一個八歲孩子也能夠瞭解的簡單規則：「當老師要你做什麼，你立刻照做就是了。」在這裡，齊克的母親直覺地就孩子的認知發展階段，給他一個他能夠在學校應用的通則。
- 她立刻就遵循「同理心」這個原則，並且把兒子的感覺用語言表達出來（「蘿洛老師……不知道你會因爲她這麼說而感到**丟臉**」）。聽到媽媽把這樣的感覺描述出來，齊克便能夠對媽媽表達出更多的感覺（「我知道！我試著告訴她我的想法，但是她根本就不聽！」）。

- 再一次，齊克的母親透過用語言來命名、標記齊克的感受來回應他，這些情感就是使得齊克對老師無禮、讓老師覺得受到冒犯與不被尊重背後的原因（「是啊，我知道如果有人不讓你說話，你會感到多麼**挫折**……」）。
- 齊克覺得被理解，於是在回答媽媽的時候，自己重複了同樣的情緒詞彙：「是啊，她讓我覺得很**挫折**，竟然還沒收我的鉛筆。」
- 但是這個母親還沒說完。在這一段對話當中，藉著表現出自己對整件事抱持著與老師不同的觀點，她對齊克展現出自己瞭解他、對他感同身受的態度。然而，她不能就此打住，因爲齊克好爭論的傾向（有兩個很會說話的手足，這也是很自然的結果），很可能**會繼續**成爲他在學校裡的問題，除非他能有所修正。所以他的母親說：「如果在學校裡有大人要求你做什麼，你立刻照做就是了。」
- 最後，藉著問兒子：「你可以試試看照著他們的話做，不要頂嘴嗎，齊克？」這個母親就兒子好辯的天性，設下了在未來可供參照的檢查點，讓兒子爲自己的行爲負責。

在這個看似簡單的對話當中，齊克的母親避免讓孩子因爲自己犯的錯而感到羞愧，並且把他的感覺用語言表達出來，創造出一個情感學習的機會，讓齊克可以在將來整理自己的情緒。同時，她也在情感上對兒子表達支持，並且給他一個社會守則，要求他遵守規則、爲自己負責。如果齊克下次在學校又這麼做，她也會根據他在課堂上遇到的困境來調整自己的訊息和回應。

讓我們記得齊克這個案例，因爲我還會讓他繼續出場，用他來說明健康的教養與情感忽視的教養之間的差異。

以下是另外一個案例。

【案例2】兒時感受被父母忽略的凱思琳

我們經常會看到，有害的情感忽視在一個孩子的生活當中是多麼地隱而不顯。雖然它可能每天都對孩子造成影響，我們卻很難察覺到它，因爲它通常會僞裝成一種體貼、甚至是放任的樣貌。

凱思琳是一個成功的年輕女性，最近剛結婚，在某間正在起步的科技公司擔任特別助理，薪資相當優渥。她說服丈夫在她父母居住的小鎭買了一棟房子。然而她也知道，自己常常會因爲母親而抓狂（這是她在療程中透露出來的）。她對於自己這個購屋的決定感到相當不解。她知道母親總是要求自己多關心她一點，也清楚不管自己爲母親付出多少，依然對母親懷著某種罪惡感。她來尋求心理治療的時候，正是事業一帆風順、人生幸福無比的時刻：新家、新婚夫婿、好工作，但是凱思琳卻感到一種難以言喻的沮喪。對於這樣的感覺，她覺得相當丟臉和困窘，因爲

「這一點道理也沒有」。

以下的臨床描繪是一個很好的例子，說明了情感忽視是怎麼藏起來的——它並不是藏在過去所發生的事情裡，而是隱身在那些「沒有發生」的事情中。

回到二十五年前，五歲的凱思琳坐在海邊，快樂地和父親一起堆沙堡。她是這對成功的年輕夫婦唯一的孩子，住在一棟質樸、重新翻修過的新英格蘭風建築裡，周遭的人總說她是一個幸運的孩子。爸爸是工程師，媽媽重回學校，成為小學教師。他們一家人經常到外地旅行，父母常教導凱思琳各種細微的禮節。這就是她的生活。

凱思琳的母親也是很棒的裁縫師，總是親手為女兒縫製衣服，所以她們經常穿著特製的母女裝亮相。大部分時候，母女倆都待在一起。但是現在，在度假的時候，她離開了母親身邊的海灘椅。為什麼呢？因為她父親邀請她過去一起玩。她很少有這種有趣的機會可以和父親做一些特別的事情。他們一起在沙灘上挖洞，為沙堡的第一個樓層收集沙子。

過了一會兒，媽媽的視線離開書本，抬起頭來，中斷了她在海灘椅上的休息，嚴肅地說道：「凱思琳，跟你爸玩沙應該玩夠了吧！你爸不想要在休假的時候陪**你**玩一整天！來這裡，我讀書給你聽。」

爸爸和女兒都抬起頭，停下手邊鏟塑膠鏟子的動作。在一陣短暫的沉默過後，她的父親站起來，把膝蓋上的沙子拍掉，彷彿他也必須服從母親的命令。當遊戲停止後，凱思琳覺得很難過，但是她也覺得自己有這樣的感覺很自私，因為媽媽是在照顧他們倆，凱思琳不應該讓爸爸太累。她順服地回到她和媽媽同款式、但是小一號的海灘椅，坐了上去，讓媽媽讀書給她聽。一會兒之後，當凱思琳開始聽故事，她的失望就慢慢淡去了。

在我們的療程當中，凱思琳提起了這段回憶，用來說明她與父親的關係一直以來都有點疏遠。但是當她講到父親站起來、把膝蓋上的沙子拍掉時，她的眼裡湧出了淚水，說道：「我不知道爲什麼那個畫面讓我感到如此悲傷。」

我要她把注意力集中在悲傷的感覺上，想想看那天她的父母是不是可能以不同的方式回應。在那個片刻，凱思琳開始明白，她的父母經常辜負她的感受。要她想想希望那天可以有什麼不同，並不是很困難的事，她所希望的只是可以和父親一起繼續挖洞。

如果凱思琳的母親能夠感受到她的情緒的話，事情的發展就會有所不同：

當他們在玩的時候，媽媽的視線離開書本，抬起頭來，中斷了她在海灘椅上的休息，微笑地說道：「哇，你們挖了一個好大的洞！想要我示範怎麼蓋出一個沙堡嗎？」

或者是如果她的父親能夠感受到她的情緒：

當他們在玩的時候，媽媽的視線離開書本，抬起頭來，中斷了她在海灘椅上的休息，嚴肅地說道：「凱思琳，跟你爸玩沙應該玩夠了吧！你爸不想要在休假的時候陪**你**玩一整天！來這裡，我讀書給你聽。」爸爸和女兒都抬起頭，在一陣短暫的沉默過後，爸爸笑顏逐開，先是對著妻子笑、然後對著凱思琳笑：「你在開什麼玩笑？我不想去別的地方，我就是想要在沙灘上和我的寶貝女兒一起玩！瑪格麗特，你想幫我們挖洞嗎？」

關於這兩個「校正」，值得注意的是，它們都在正常、自然教養的範圍之內，而像這樣的對話無時無刻不在發生。但是如果大人沒有對於孩子的重要性表示肯定，如果孩子認爲自己太常想要或需要獲得雙親之一的注意力有點丟臉的話，**她就會長成一個對於自己的情感需求視而不見的大人**。幸好，成年以後的凱思琳終於知道她之所以對母親感到生氣，是緣於某個正當的理由。她看見這個狀況多年來潛伏在她們的母女關係中，亦即她的母親對於女兒的情感缺乏同理心。當凱思琳發現自己生氣的理由很合理，她對於自己的憤怒就不再感到那麼羞愧了。她知道如果自己停止迎合母親，並且只照顧好自己和丈夫的需求，是沒有關係的。此外，這個領悟也爲凱思琳開了一扇門，她開始明白母親的侷限，然後試著去修復彼此的關係。

在凱思琳的故事中還有另外一個重要的因素，那就是她的父母並未明顯地犯下任何嚴重的教養過錯。他們的「過失」是那麼地微妙，兩個人很可能絲毫都沒有察覺到自己究竟做了什麼傷害女兒的事。事實上，他們很可能只是在重複自己父母的教養模式。這就是情感忽視的危險之處：完美的好人，他們愛著孩子，盡其所能地養育孩子，然而卻將意外的、看不見的、有潛在傷害性的教養模式往下傳遞給自己的女兒。

在這本書中，我們的目標並不是要把過錯歸咎在父母身上，而是爲了瞭解我們的父母，以及他們是以哪些方式對我們造成影響。

現在，對於健康的教養和情感忽視的教養，你應該已經有概念，接著讓我們來看看情感忽視父母有哪些特定的類型。當你在閱讀這個部分的時候，看看你是不是能夠從中辨識出你父母的類型。

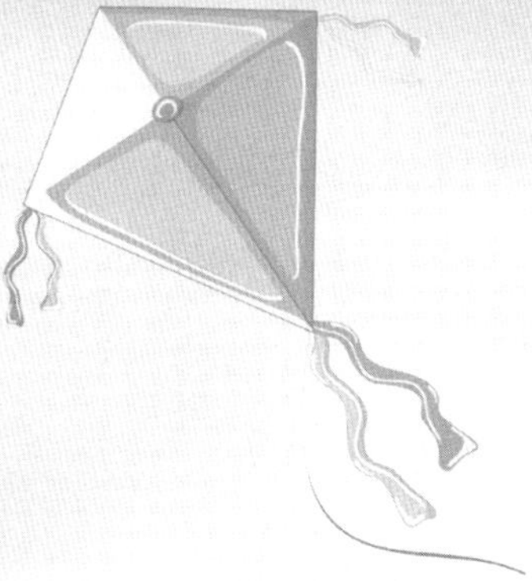

2

十二種導致
情感忽視的父母類型

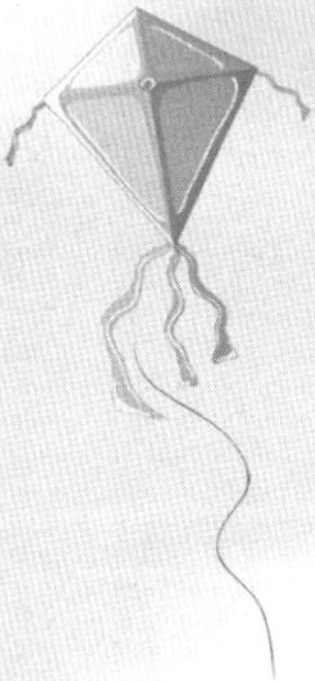

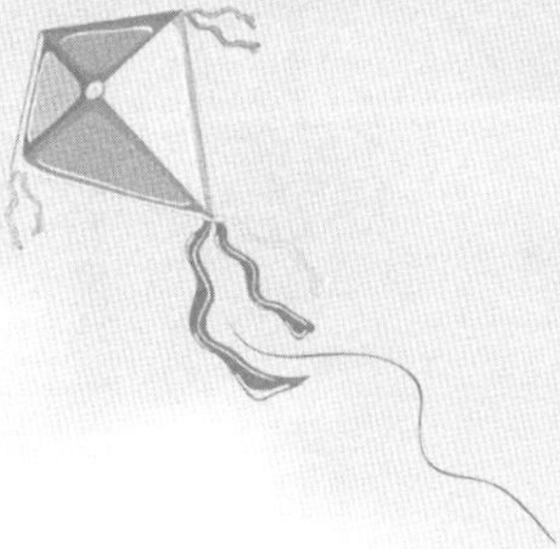

一個家長要在情感上辜負孩子，可能的方式有千千萬萬種。因為太多了，我們無法在這本書中將它們全部含括進來。我們能做的，就是看看與情感忽視最有關係的父母類型。當你在閱讀的時候，請瞭解你的父母可能擁有兩種以上不同類型的特色。在讀完第一種類型之後，即使你認為自己已經確定父母的類型，然而把這本書從頭讀到尾，或許仍能為你帶來其他幫助。舉例來說，即便你已經把父母歸類為第5型，你仍很有可能會在第9型中看見某些與你的經驗息息相關的東西。我舉出這些例子的用意就在於讓你「配對」看看，雖然絕大多數的父母可能會符合某種主要的類型。

我把最大的一個類別「為孩子著想但是缺乏自覺的父母」，放在最後才談。這個類別討論為數眾多在情感上忽略了孩子的父母，即便他們總是希望給孩子最好的。他們把孩子的最佳利益放在心裡，全心全意地愛著孩子，只不過他們不知道該如何給予孩子真正需要的東西。如果你從第1型讀到第11型都還沒有找到對你父母而言適當的描述，那麼你很有可能就是被「為你著想但是缺乏自覺的父母」所拉拔大的。

1. 自戀型父母

也許你聽過納西瑟斯（Narcissus）這個希臘神話，「自戀」（narcissistic）這個詞就是從這裡來的。神話裡，納西瑟斯是個俊美得令人心神為之顫動的少年，他的相貌令身邊所有的人目眩神迷。許多人讚美他、愛上他，但是他是如此自負，拒絕了所有的追求者，因為沒有人配得上他！

最後，納西瑟斯看見自己在湖水裡的倒影，於是愛上了自己。他無法離開自己的影像，最後終於自殺；或者根據這個神話的不同版本，最後他因爲自戀而日益消瘦。

自戀的人就如同這個詞彙一樣，大部分的時候，他們全身上下充滿了優越感、自信心、以及個人魅力；但是有時候，自戀者會發現自己凌駕於他人的優越感，不過是一種幻覺。因此，他們傾向於尋找那些可以證明自己比較優越的證據，並且試著逃避那些會提供相反證據的人際互動或是關係。當某個人或某件事粉碎了他們浮誇的自我感覺，他們就會變得很難相處。雖然他們看起來很傲慢，但是卻很容易受傷，情感相當脆弱。他們會記恨、把過錯推給別人、排擠別人，當事情不合己意就大發脾氣。他們不喜歡自己有任何不對的地方，喜歡聽自己說話。或許他們最傷人的特色，就是經常性地批判別人，覺得別人很可悲地在某方面有所匱乏。他們是任何家庭、辦公室、企業中的國王和皇后。

你可以想像，當自戀者成爲了父母，他們也會要求孩子要完美，或者最低限度希望他們不要丟父母的臉。在重要的比賽上，當心理健全的家長看到孩子沒有接到球，他們可能會在心裡稍微爲孩子捏一把冷汗，但是對於自戀型父母來說，他們則是會感到生氣，覺得自己受到羞辱。當他們的孩子犯了別人看得見的錯誤——不管此時孩子有多麼需要父母的幫助——自戀型父母會覺得自己受到打擊，並且要孩子爲此付出代價。

[案例3]

背負「使家族蒙羞」罪名的席德

十九歲的席德，站在富裕雙親所購置的豪宅門口。乍看之下，他是一個又高大又英俊的年輕男子。但是如果你望進他的雙眼，你會看見痛苦和猶豫。他的雙手緊緊交握著，還有些駝背。他身旁站著一個警察，這個警察按了門鈴，和這個年輕人等了好幾分鐘，才有一位優雅的女士前來應門。她給了這位警察一個迷人的微笑，謝謝他把她的兒子帶回家，接著接過他手上的一些文件，往旁邊挪了一步，讓兒子進門。警察離開以後，席德的母親關上大門，有一會兒的時間，她就站在兒子面前，兩隻手臂交叉，臉上有一種篤定而又深不可測的表情。席德的身體稍稍往前靠近她，彷彿想要或是希望能夠與她碰觸一下。

她說：「你的父親非常失望，你現在還不能跟他講話。他已經上床睡覺了，你也回自己的房間去睡吧！至於其他的事，我們明天早上再談。」

席德是因為喝酒被抓到了嗎？還是他幹了什麼更嚴重的事情，像是偷竊？都不是。席德是個新手駕駛，剛剛開車撞到路人，導致對方受到重傷。那個人急著穿越一條繁忙的馬路去趕公車，年約四十幾歲，有自己的家庭，現在人在醫院，還處於昏迷狀態。**然而，席德的母親叫他回去自己的房間**。她很沮喪，因為她知道兒子的名字明天就會出現在報紙上，使他們家蒙羞。

自戀型父母沒有確實地意識到，孩子是與他們分離的個體；相反地，他們把孩子當成自己的小小延伸。孩子的需求被大人的需求所決定，而那些試著表達自己需求的孩子，通常會被大人冠上「自私」或是「不體貼」的罪名。

〔案例 4〕
想得到理解卻換來羞辱的碧翠絲

十四歲的碧翠絲，是個聰明伶俐的非裔美國女孩，她在鎮上一家著名、聲譽良好的私立高中拿全額獎學金就讀。在這個學校裡，大部分的學生家裡都很有錢，經常在學校放假時到像是蒙地卡羅或是瑞士的阿爾卑斯山之類的地方旅行。但是碧翠絲是個「小鎮姑娘」，她的父母必須省吃儉用，才有辦法每年帶她們去一次迪士尼樂園或是麻薩諸塞州的鱈魚角度假。在她的新學校，她的成績一如往常，還算不錯。但是她一整年都覺得自己過得很悲慘，感覺自己在學校裡就像是一個典型的黑人代表、一個小鎮姑娘代表，最重要的是，她覺得自己與這個環境格格不入。

但是這一整個學年，碧翠絲的母親心情好得彷彿置身天堂。她喜歡盛裝打扮參加學校的活動，去認識那些議員家長或是在華爾街工作的家長。她喜歡向鄰居誇口，告訴他們要讀到這個學校有多困難，而碧翠絲在學校的表現又有多好。她覺得自己終於可以跟那些她感興趣的人交際一番。

當碧翠絲試著想表達她的社交困境，母親就會說：「如果你想在這輩子大獲成功，這可是個天大的好機會。只要四年，你就堅強一點吧！」碧翠絲試著把母親的話放在心裡，但是她覺得寂寞、憂鬱，跟別的同學之間有很大的距離。在這個學年結束的時候，她告訴父母自己想要回到公立學校，結果她母親就爆炸了，一邊哭、一邊大喊：「你怎麼能夠這麼**對我**？這樣我就再也見不到我那些一流的朋友了！我們的鄰居會很高興你失敗了，因為他們都很嫉妒我。你如果要這麼做，你就是自私、無理取鬧！」碧翠絲的父親根本就幫不上忙，他知道凡事最好都順著太太的意思。

碧翠絲需要的是父母的同情和理解，但是她得到的卻是一場羞辱。一直以來，她的母親都無法原諒碧翠絲的選擇。順道一提，事後證明，這樣的選擇對碧翠絲而言是最好的。她最後從公立學校畢業，拿到布朗大學的全額獎學金，她的母親這才又高興起來。

自戀型父母缺乏一種能力，那就是他們無法去想像或是去關心孩子的感受。沒有同理心的父母，就像是在昏暗的燈光下拿著不銳利的工具進行手術的外科醫生，很有可能會製造出一堆瘡疤。

【案例5】
跟老師頂嘴的齊克（如果他的母親是自戀型父母）

讓我們回到齊克身上，就第一章案例1那個三年級的孩子，他因為冒犯老師，所以帶著一張警告的字條回家。如果他的母親是自戀型父母，他們之間很有可能會產生以下的互動。

齊克把老師的字條交給媽媽。她接過去讀，齊克看見她的肌肉變得緊繃，下巴也是，脖子也開始發紅。她在齊克面前揮舞著字條說道：「你怎麼會這樣，齊克？現在蘿洛老師一定覺得我沒有把你教好！這太丟臉了！回去你的房間，我現在不想看見你，因為我覺得非常受傷。」

齊克的母親把兒子犯的錯當成是自己的過錯，彷彿他冒犯的對象是她。她沒有爲齊克著想，沒有考慮到他的感受或他的行爲。事情變成與她有關。至於要如何在學校與人好好相處，齊克並未從母親那裡獲得有用的建議或回饋。

當自戀型的人變成父母，他們經常會和每個孩子發展出不同的關係。他們會對某個孩子偏心，對另一個孩子感到失望，所以那個可以代表他們的孩子，可能長得很英俊或漂亮、會運動、或是很聰明，於是成爲「被選上的孩子」，可以享受自戀型母親或是父親的特殊對待。有時要等到成年以後，這些受到自戀型父母寵愛的孩子才會發現，父母的愛其實一直以來都基於某些條件。

[案例6] 符合父親期待才能得到關愛的吉娜

吉娜是一位三十二歲的女性，來自曼哈頓的一個家庭，是家裡三個孩子當中年紀最大的。一直到最近，她都還是父親眼中的掌上明珠，總是與父親維持著良好、親密的關係。吉娜有個弟弟，在各方面的表現總是比她略遜一籌，於是他除了刻意跟父親保持距離，也不願意親近吉娜。吉娜一直以來都不明白究竟為什麼會這樣，認為弟弟是在嫉妒她。不過現在吉娜要和一個移民第二代的男士結婚了，他是她們律師事務所一名成功的律師。不過，吉娜的父親覺得這個男人配不上她。自從他們訂婚開始，吉娜的父親就對她非常冷淡，不接她的電話。當他們有機會講話的時候，他的語氣充滿了批判，就像他一直以來對弟弟說話的語調一樣。直到三十二歲，吉娜才終於明白為什麼弟弟要和這個家庭疏遠。

因為這樣的新覺知，吉娜在日後可能都得跟父親保持距離。但是她也有可能會一直無意識地去討好他，試著表現得比其他手足還要好，只為了獲得父親的嘉獎和讚美。她被困在父親的鏡像之中：從小到大，她忽略了對自己的認同，只是一味地試著去滿足父親對於完美女兒的想像。

自戀型父母的孩子一旦長大，不管他們覺得自己是像吉娜的弟弟一樣被討厭，或是像吉娜一樣被寵愛，他們的內在小孩都會試圖掙脫自戀型父母的批判，試圖透過自己的雙眼來重新認識自己。

我想你應該開始有點概念了。情感忽視的教養，乍看之下可能與健康的教養沒有什麼兩樣，但是其中卻存在著極大的差異。就像在森林裡，一個蘑菇可以拿來當晚餐，另一個蘑菇卻可能會要了你的命，而它們的相似性僅僅只在表面而已。在接下來幾章，我會教你如何辨認各種毒菇、如何全然地活著，以及如何把力量和知識傳遞給我們的下一代。

2. 權威型父母

一九六六年，心理學家戴安娜．鮑姆林德（Diana Baumrind）博士首度指出並描述了所謂的「權威型父母」。鮑姆林德博士將權威型父母描述爲凡事照規矩、一板一眼、並且會懲罰孩子的父母，他們以一種非常沒有彈性且不可妥協的要求來養育孩子。講到權威型父母的時候，我們很容易就會想到一些說法：

「老派。」

「小孩是用來炫耀給大家看，而不是用來傾聽的。」

「不打不成器。」

如果你屬於嬰兒潮世代（在一九四六至一九六四年間出生）或是更年長，將你養大成人的父母很有可能就是權威型父母，這是那個年代的父母流行的一種教養方式。今日的父母比較傾向於採取更加開放、更加放任的教養方式，這種方式通常來自於一種有意識的決定，那就是不要採用他們父母養育他們的方式來教養自己的孩子。儘管如此，現今這個世界上還是有爲數眾多的權威型父母。

權威型父母對孩子的要求很多。他們期待孩子按照他們的規定行事，不要問爲什麼。同時，這些父母也不會解釋這些規則背後的理由。他們只是要求孩子守規矩，如果孩子不服從，他們就會對孩子施以嚴厲的處罰。權威型父母通常都會處罰孩子或是打孩子，而不是與孩子針對某個問題或議題進行討論。他們對於孩子的感覺或想法並不是特別在意，教養的方式是根據頭腦裡某個

「正常的孩子應該要有什麼表現」的模版，卻沒有把孩子的個別需求、天生氣質或是感受考慮進去。

會對孩子施暴的父母，大部分都落在權威型父母這個類型。不過，鮑姆林德博士非常謹慎地指出，並非所有權威型父母都是家暴者。然而，我要大膽地說，所有權威型父母，就定義來說，都是在情感上忽視孩子的父母。

許多權威型父母傾向於把孩子的服從當成是愛的表現。換句話說，如果孩子默默地、完全地服從父母，父母就會覺得孩子愛他們。不幸的是，情況反過來也是一樣。如果孩子質疑父母的要求，父母不只會覺得孩子不尊重他們，也會覺得孩子拒絕了他們的愛。如果孩子公然反抗，權威型父母就會覺得事態嚴重，認爲孩子完全不愛他們。要瞭解這種狀況如何運作，讓我們來看看索菲亞這個例子。

〔案例7〕被迫忽略自己以滿足父親期望的索菲亞

索菲亞年方十九，是個美麗大方的女孩。她六十二歲的父親是個老派的義大利人，深深地愛著自己唯一的孩子，並且期望這個孩子用尊敬和愛來回報他。聖誕夜的時候，索菲亞全家人團聚在一起，舉辦一年一度的聖誕派對。一直以來，索菲亞都很討厭這個派對，因為她沒有年齡相仿的手足或親戚，而且她覺得自己的姑姑、叔叔們「無聊、古板又做作」。在派對中，她得站出來接受整個家族的品頭論足，接著就被趕到一邊去，再也沒人理會她。

今年，索菲亞的新男友邀請她與他的家人共度聖誕夜。她對於第一次會見男友父母感到相當興奮，因為這意味著她與男友的關係更進一步。同時，她也覺得如果能夠以這種方式來度過這個特別的夜晚，跟過去家族聚會的經驗相比，一定會更溫暖、更有趣、更令人興奮。

當索菲亞戰戰兢兢地告訴父親這個計畫，他生氣了：「你不能這麼不尊重我。你的姑姑、叔叔們會怎麼想？他們會覺得你不愛他們。我為你做了那麼多，這就是你表達感謝的方式嗎？我只要求你一年和他們吃一次飯，而你竟然說出這種話。你真的太自私了！」

因為索菲亞沒有立刻屈從於父親的期望，所以她的父親叫她不用那麼麻煩，聖誕節不用來了：「我會把你送的聖誕禮物退回去。聖誕節的時候，你就可以整天跟你男朋友待在一起了。」

此刻，索菲亞覺得很有罪惡感而且感到絕望，所以她同意改變自己的計畫，遵照父親的意願行事，因為她無法忍受自己一個人過聖誕節這樣的選項。

索菲亞的父親反應之所以如此激烈，是因爲他覺得自己被女兒一腳踢開，完全失去女兒的愛。她任性地打破規則，被父親視爲是一種拒絕、不尊重、以及對家人缺乏關懷的行徑，雖然那實際上是由三種健康而又正面的動機所驅使的行爲：她對男朋友的愛、對未來的憧憬，以及一種想要過自己人生的平凡需求。事實上，索菲亞父親的作爲，已在無意中「訓練」她把自己健康的需求擺到一邊，以滿足他自己被愛的需求。

[案例8]

無意中破壞媽媽規定的喬瑟夫

喬瑟夫，十歲，是家裡五個孩子當中最大的，而今天是萬聖節。在喬瑟夫年幼的歲月中，每年萬聖節，父親都會遵循相同的儀式：他們會在晚上六點整吃熱狗和豆子，晚餐過後，孩子們就可以開始扮裝，雖然他們從一大早就開始央求父親讓他們這麼做。

每一年，喬瑟夫的媽媽和奶奶都會為他們的扮裝選定一個主題，然後親手縫製服飾。今年，五個孩子都會成為「金剛戰士」。身為老大的喬瑟夫覺得有些丟臉，因為他早就過了扮成金剛戰士的年紀。他很擔心如果朋友看見他穿這種孩子氣的衣服，明天會在學校嘲笑他。此外，喬瑟夫今年真的很想扮成哈利波特。但是他從來不會去質疑扮裝的決定，或是跟媽媽說他想要扮成哈利波特，因為他知道這樣媽媽會對他感到非常生氣，認為他不懂得感激媽媽和奶奶為他們縫製衣服的辛勞。所以，喬瑟夫很努力地不去想關於扮裝的事情，他把這件事情從腦海裡驅逐出去，轉而期待「不給糖，就搗蛋」這個活動，而不是變身成金剛戰士這件事。

喬瑟夫的父母對於「不給糖，就搗蛋」的過程有著相當嚴格的規定：每一年，五個孩子只能去附近的七個家庭敲門。他們按照年紀列隊行走，年紀最小的走在最前面，這樣他們的母親就可以察看他們的行蹤。當他們從一戶人家走到另一戶人家的時候，喬瑟夫在路上攔下兩個結伴一起進行「不給糖，就搗蛋」的朋友，並且有些衝動地跑上前去對他們揮手、叫他們的名字。喬瑟夫的母親試著要掌握五個孩子的行蹤、要他們守秩序，於是立刻就做出反應。她抓住喬瑟夫的手臂，把他拖到隊伍最後面他原本的位置，並且告誡他：「你今晚沒有『不給糖，就搗蛋』了，因為你沒辦法控制自己。你就在後面和我待在一起，看你的弟弟妹妹拜訪完最後幾戶人家。或許這樣明年你才會記得要怎麼守規矩。」

喬瑟夫的母親是權威型父母一個很好的例子。在決定扮裝的角色時，她沒有把喬瑟夫的年紀

（或者就這件事來說，任何孩子的年紀）列入考慮，而是把五個孩子當成同一個年紀的孩子來對待。對於喬瑟夫想要在萬聖節扮演什麼角色，她一點也不在意，認為一次做五件一模一樣的服裝比較省事。她的規定極度嚴格且不容妥協，以致當喬瑟夫在無意中破壞規定，後果想當然非常嚴重。

考慮到喬瑟夫的母親在「不給糖，就搗蛋」的過程中必須關照五個孩子，我們可以稍微放她一馬。她權威式的管教方式，很有可能是基於一種絕望地想要管好五個小孩的企圖。值得注意的是，不管她這麼做有什麼原因，這些作法都會對喬瑟夫造成影響：他會學到擁有自己的需求和願望是一件自私的事情，所以他必須將自己的願望、需求和感受藏在心裡面。他也會學到另一件事，那就是自己並不重要。當喬瑟夫進入青春期，他可能會變得更加叛逆；而在他成年以後，很有可能會表現出情感忽視的徵兆。

有些權威型的教養包裝得比較精緻一點，例如芮妮的故事。

【案例9】

沒有立刻回應父親要求的芮妮

在某次療程中，芮妮告訴我：「我是個很難管教的小孩，總是會惹上麻煩。

當我回顧過去，我對父母感到相當不好意思。」當我要芮妮多說一點，我發現了這些事情：

芮妮的父親「在某種程度上，是個相當龜毛的人」（這是芮妮的用語），希望自己的孩子可以多幫忙一些家務。舉例來說，他下班回家時如果發現地板很髒，就會大吼：「芮妮，過來把地拖一拖！」如果那時芮妮的功課正寫到一半，在她跳起來去拖地前，她會先把寫到一半的句子寫完、或是把做到一半的算術題目完成，這也是很合理的事情。不過這短短的延遲卻被她的父親視為一種反抗的行為，他會吼道：「當我叫你來拖地，我是說**現在**，而不是五分鐘以後！」事情就是這樣，不管父親給的任務是什麼，或是父親大聲喊她的時候她正在做什麼。不用說也知道，芮妮常常因為這樣而「惹上麻煩」。

你或許有注意到，芮妮的父親不像其他權威型父母，他並沒有給芮妮什麼嚴厲的處罰，沒有讓她禁足、或是不准她參加聖誕派對。事實上，她父親的作爲就許多人的標準來看相當正常。畢竟，有哪個父母不會偶爾對孩子大吼大叫的？芮妮父親的問題在於，他的聲音又大、又嚴苛。他覺得如果女兒沒有立刻回應他的要求，就是不愛他，這樣的「感受」就是他聲音背後的力量。他試著要滿足自己的需求（希望孩子尊重自己、愛自己），並且要芮妮知道，她最好照著他說的話去做。

不幸的是，他的所作所爲事實上傳達出一個訊息，那就是芮妮的需求除了無關緊要，而且還冒犯了他。芮妮責怪自己有那些不被接受的需求，而不是責怪父親的無理取鬧。從根本上來說，芮妮被判處了終生的自我責怪以及對自己的憤怒之刑！幸好芮妮開始進行心理治療，讓她開始明白擁有自己的感覺和需求並不是一種罪過。

[案例10]

跟老師頂嘴的齊克（如果他的母親是權威型父母）

齊克搭公車回家的路上，腦海裡都是明天美式足球比賽的景象。他的父親好不容易買到愛國者隊的門票，第一次要帶齊克去看他們比賽。齊克從來沒有這麼興奮過！

當齊克回家的時候，他把老師的字條交給母親。她看著字條，臉上出現了嚴重受傷的表情，還有些許惱怒：「這樣不行。你得學著對別人表現出適當的尊重！罰你明天不能去看球賽，這樣下一次你或許會記得要給蘿洛老師多一點尊重。」

顯然，齊克的母親給了齊克一記嚴重的打擊。她根本沒有花時間聽他說明這件事情發生的經過，或是教導他在學校裡應該要如何調整他的情緒或是如何待人處事。更有甚者，她教了齊克「他並不重要」這樣一條規則：重要的是去尊敬權威，盲目地照著他們的指示行動就好。即使日後齊克長大成人，並且從其他的情境（老師、朋友、妻子）得知自己對他們而言很重要，他依然會帶有某種根植於內心的習氣——當事情出了問題就開始責怪自己，一旦犯錯，對自己的批判更是毫不留情。

3. 放縱型父母

就許多方面來說，放縱型父母恰恰與權威型父母相反。放縱型父母的座右銘是「不用擔心，快樂就好」。在我們的文化中，這類型的父母被描述得既可愛又古怪。想想看《老公老婆不登對》這個喜劇影集裡的嬉皮父母、《辛普森家庭》裡的荷馬．辛普森、《蓋酷家庭》中葛屁的媽媽、或是《淘氣阿丹》裡那個抽著煙斗、一副悠閒模樣的老爸。放縱型父母經常被描述爲選擇了阻力最小的教養之路，從好的方面來看，他們希望孩子快樂；就壞的方面來說，他們希望自己可以不用爲教養孩子負責任。不管是哪一種，他們都沒有爲孩子提供限制或規範，或者是爲孩子提供在青春期的時候可以用來反叛的強烈大人形象。對孩子說「不」需要很多力氣，強迫孩子做家事或是其他任務需要力氣，面對一個生氣的孩子更需要力氣。經常因爲對孩子說「不」而被孩子討厭，是一件相當痛苦的事。放縱型父母覺得與其叫孩子做家事，自己做還比較容易一點。當孩子惹麻煩，他們就把頭轉開，或者爲孩子找藉口。

在孩子的眼裡，放縱型父母通常都非常慈愛，這是因爲放縱型父母很少會跟孩子產生衝突，因爲他們很少對孩子說「不」。一般來說，這類型的家長在面對衝突時都會感到不舒服，其本身的自我紀律也有待加強。要瞭解放縱型父母的教養風格，讓我們來看看薩曼莎「宜人」的童年景象。

【案例11】

始終活在父母寵愛中的薩曼莎

薩曼莎是鄰居小孩羨慕又嫉妒的對象。當所有的小孩一個個被父母叫回家吃晚餐，薩曼莎總是那個可以玩到最後一刻才回家的人。當薩曼莎覺得不想上學，她只要對父母提出要求就可以放假一天。當薩曼莎不想上床睡覺也沒有關係，父母允許她自己決定上床時間。薩曼莎的父母認為孩子必須擁有完全的自由，覺得這會幫助他們變成快樂的成人。的確，薩曼莎在家裡非常快樂。她很少跟父母產生衝突，但是當她長大後，她待在家裡的時間變得越來越少。

她在學校裡遇到許多問題。每個人都知道薩曼莎非常聰明，絕對有能力在課業上獲得亮眼的表現。不過她的老師發現她很難搞，他們說她被寵壞了、沒有紀律、而且表現不如預期。她沒有辦法遵守規則，而且在班上有一些行為問題，像是習慣性地錯過考試日期。所以，她的潛力並沒有在她的成績上表現出來，這點並不讓人感到意外。

你可以想見，當成年的薩曼莎回顧過往，一定會覺得自己的父母棒極了。十五年後，在我們第一次的療程中，她對我這麼說：「他們對我除了支持，還是支持。」那時，薩曼莎是一家大賣場的服裝部經理，她怪自己沒有大學學歷：「我曾經有各種機會。」她說：「如果我要上大學，爸媽肯定會幫我付學費，但是我搞砸了。我不知道自己是怎麼了。」

薩曼莎不瞭解的是，父母放縱式的教養並沒有幫她做好準備——讓她可以面對眞實世界的要求的準備。她帶著童年時期扭曲的觀點生活，因而無法瞭解自己或是自己的困境。

然而，並非所有放縱型父母都會留下討孩子歡心的記憶。在下面這個案例中，成年以後的奧黛麗和父母根本就不親，而且她對自己充滿憤怒。讓我們繼續往下看。

【案例12】

不需遵守任何家規的奧黛麗

奧黛麗的父母離婚時，她剛好十三歲。她媽媽已經受夠丈夫老是酗酒和外遇，最後決定把他踢出家門。沒多久，他就和另一個女人同居，留下奧黛麗和媽媽、妹妹一起生活。奧黛麗的媽媽很快地也遇見另一個男人，這個男人就這樣搬進她們家。奧黛麗的母親輕率地墜入愛河，整個心思都放在她的新戀情上。

當奧黛麗發現父母對自己有沒有在家裡一點也不在意時，她覺得相當興奮。她開始和一群比較年長的孩子一起混，抽大麻、喝酒。奧黛麗的母親知道女兒很少在家，但是她覺得無所謂，因為這樣她反而有更多的時間可以和男朋友相處。

當奧黛麗因為口袋裡有大麻被校方抓到，她告訴母親自己只是幫某個朋友保管而已。她的母親彷彿早就準備好接受這樣的解釋，還慶幸自己的孩子沒有抽大麻。與其努力地去調查、監視、懲罰失控的奧黛麗，接受她蹩腳的藉口反而容易許多。

十八歲的時候，奧黛麗懷孕了，最後把腹中的胎兒拿掉（她的父母對此都不知情）。她雖然智商很高，但是高中的課程被當掉好幾科。

成年以後，奧黛麗回顧過去，她把所有的困境都怪到自己頭上。她的父母在自己青春期的那幾年近乎消失，這讓她覺得父母對自己沒有什麼影響，不管是正面或是負面影響。這樣一來，她不怪自己，還能怪誰呢？我們很難瞭解「不在場」的東西可能比「在場」的東西來得更加重要。她不明白這件事，因爲無論是不在場的父親或是自顧不暇的母親，他們都沒有花時間和力氣來教養她。

不管是在少女時期或是成年時期，在思考上，奧黛麗犯了一個很多人都會犯的錯誤。還記得奧黛麗十三歲時總是覺得很快樂，因爲沒有人會監視她、對她說「不」、或是給她一堆要遵守的規定？案例11的薩曼莎也很高興自己可以不用遵守任何規則。對於青春期的孩子來說，渴望自由再正常不過。他們試圖要忘記自己的身分，與父母切割開來。然而，我們必須記住一個重點，雖然青少年渴望自由，但是擁有過度的自由對他們來說不一定是健康的。青少年時期的孩子需要有強力的家長讓他們可以與之對抗，藉由衝撞父母的規則和承擔必要的後果，使他們能夠學會做出正確的決定，並且試著控制自己的衝動。對奧黛麗來說，可惜的是，這些她都無法擁有。

放縱型家長還會帶來另一個教養陷阱：孩子沒有辦法從父母身上獲得足夠的回饋。她被拋下，所以自己得想清楚自己能夠做些什麼：她的優點是什麼、缺點是什麼，還有她應該朝著哪個方向去努力。要進一步瞭解這一點，讓我們來談談艾力。

【案例13】

「反正我也達不到標準」的艾力

艾力五年級的時候帶著成績單回家，上面有五個科目得到C，兩個科目得到D。他的媽媽打開成績單，看了一下，接著有些難過地搖搖頭。「好吧，我相信你已經盡力了。」她邊說邊嘆氣。

這個時候，艾力大大地鬆了一口氣，接著就出門去玩了。雖然說他鬆了一口氣，但是當他在玩的時候，心裡卻隱隱地感到不舒服：「她覺得我盡力了，意思就是她不認為我還有進步的空間。」

因爲艾力的母親沒有對他有太多的要求或期待，以致他長大以後對自己的要求也不高。母親放縱式的教養，讓他在做事的時候只要過得去就好了。

此外，母親放縱式的回饋也給了他一個額外的訊息，那是她可能想都沒有想過的：藉著採取阻力最低的教養方式，她讓艾力學會不用對自己期待太高或要求太多，因爲他也達不到那樣的標準。

［案例14］

跟老師頂嘴的齊克（如果他的母親是放縱型父母）

齊克把老師的字條交給媽媽，一抹難以察覺的陰影掠過她的臉龐，但是很快地又被明亮的臉色所取代。她拾起齊克早些時候留在廚房桌上的足球，指著客廳，然後說：「去吧！」

齊克跑去接球。當他接到的時候，他的母親跳上跳下，像是從觀眾席在為他歡呼：「你真是個男子漢。」一邊說、一邊摸摸他的頭：「今天不好過，是吧？想要吃點冰淇淋振作一下嗎？」

如果有人在旁邊看，很容易就會說齊克的母親對他充滿了愛與關懷。畢竟，她想要齊克開心一點，不是嗎？像齊克的母親這樣的家長，通常會被孩子的朋友認為是「酷爸酷媽」。如果齊克的朋友看見他的媽媽以這種方式來回應問題，大概會十分羨慕他。

相較之下，他們可能會覺得自己的父母既嚴格又無聊。但是即便她充滿愛心和關懷，卻依然辜負了孩子，因為她把齊克當成是一個好兄弟、好夥伴，而不是把他當成一個需要遵循規則來生活的孩子，並且試著幫助他掌控自己的衝動。

一個充滿愛心與關懷、眞的會教育孩子的家長，不會讓孩子認為他在學校惹麻煩這件事一點都不重要，或是讓孩子認為錯誤中沒有什麼值得學習的東西。爲了成爲齊克的好朋友，她出賣了教育孩子的大好機會。

實際上，並不是所有放縱型父母都是出於自私才這樣教育孩子，就像案例12奧黛麗的父母那樣。許多放縱型父母就像齊克的母親一般，他們深愛著孩子，而且總是爲孩子著想。他們通常是按照自己父母撫養自己的方式來養育孩子，卻不明白自己必須透過限制、後果、以及對孩子說「不」來與孩子維持一種權威關係，以這種方式來幫助孩子認識自己，並且瞭解各種關係和情感的運作方式。

4. 離婚或喪偶的單親父母

單親父母通常是以一種絕望的心態想要適應這樣的情況。家有憂傷的父母，不是一件容易面對的事情。當他們正在爲失去另一半而難過之際，你同時也失去了父親或母親，這讓事情變得雪上加霜。在一個家庭裡頭，哀傷是相當複雜和困難的情況。不過在這本書裡，我們特別要注意的是這種情況之中的一個面向：當這種狀況導致家長忽視孩子的情感時。

[案例15]

困在父親過世的憂傷裡的莎莉

莎莉出生在一個愛爾蘭家庭，在五個孩子當中排行老三。每一天，莎莉的家庭都忙著參與教堂的活動、看小聯盟球賽、參加家長教師聯誼會、熱心於學校的事情、野餐會、還有鋼琴課。家裡的幾個小孩因為年紀相近，經常吵架，但是大部分時間他們都處得很好，彼此相親相愛。

莎莉的母親是一個相當忙碌的女性，試圖要跟上孩子們在學校的功課和體育活動，同時還在鎮上的娛樂中心有一份兼職的工作——這是她的生活中唯一一件與母職毫無關係的事情，如果沒有這份兼職，她很有可能會發瘋。莎莉的父親是一名工程師，他的生活過得很好，很少有什麼經濟上的問題。

莎莉的母親和父親有著截然不同的脾氣。她媽媽經常會因為孩子的需求而感到壓力很大、心神不寧而且筋疲力竭。她爸爸常常不在家，因為他工作得相當勤奮，而且必須通勤。不過只要他在家，通常都很享受孩子們的陪伴。

就像身為年紀排行中間的孩子經常會遭遇到的狀況，莎莉在家裡常被忽略。她不是家裡最年長或最年幼的孩子，也不是唯一的女孩子，或是最聰明的那一個。不過她的心裡隱隱覺得自己是父親最疼愛的女兒。當他們拍全家福的時候，他會要莎莉坐在他的大腿上。有時候在星期天早上，她也會坐在父親旁邊，兩個人一起看漫畫。

當莎莉八歲的時候，她聽到父母以一種祕密的聲調講悄悄話。她試著聽清楚他們在講什麼，不過只能辨認出幾個字，其中一個字是「癌症」。莎莉不願意聽到這些，所以就跑到一邊去玩。慢慢地，在接下來的幾個月裡，她發現父親日漸消瘦。六個月後，父親不再去上班，整天躺在床上。他開始不上班的那天，父母把大家都叫來，告訴孩子們他得了癌症。「但是一切都會好好的，」他們說：「你們小孩子不用煩惱這些事情。」

又過了三個月，莎莉從學校放學回家，把自己的靴子丟在廚房桌上，走到冰箱倒牛奶來喝。她的姊姊走進來，臉上滿是淚痕，告訴她：「爸爸走了。他們把他帶走了。」接下來好幾個月，姊姊這句話依然重重地打擊著莎莉的心。在父親過世的第一個星期，莎莉很少看到媽媽。然而每次見到媽媽的時候，她的臉部仍舊像是一尊石雕。莎莉的母親變得沉默寡言，閉口不談莎莉的父親，也不談他的離開。她沒有和任何孩子直接談論這件事。她讓到家裡來幫忙的鄰居、阿姨、還有叔叔們照顧孩子，給孩子們一些指示，試著讓孩子們的生活盡量保持正常。所以有人會帶莎莉去上鋼琴課、帶她去看兄弟的棒球比賽。只有一天他們不用整天待在學校裡，就是舉辦喪禮那天。

那日，孩子們都穿戴整齊，一夥人開車前往教堂參加喪禮，然後再開車回家。狀況還是一樣，沒有人開口談論父親的死亡。莎莉很怕對媽媽說話或是問她任何問題，因為她覺得只要自己問了不對的問題，媽媽石雕般的臉很可能會就此碎落一地。莎莉不想傷害自己的母親。

喪禮過後，生活就這樣繼續過下去，好像沒有什麼事情發生過。沒有人會提起莎莉的父親，彷彿他不曾存在過，但是莎莉的家庭生活就此有了劇烈的改變。莎莉的母親在一家自助餐店找到一份全職的工作，她把房子賣掉，搬進一間小很多且沒有院子的出租公寓。莎莉的母親一天要出門工作九個小時，當她回家後，總是不停地做著家務，臉上依然是石雕般冰冷的表情。

莎莉學會避開母親，因為她的任何需求似乎都會把母親推向崩潰邊緣。她很怕看見自己的母親崩潰，而她就帶著這樣的恐懼生活著。

當我第一次見到莎莉，她已經四十歲，單身，從未結婚。她是個成功的生物科技工程師，擁有自己的房子、一隻狗、以及對「數獨」遊戲的熱愛，但是她卻因爲不快樂而前來尋求心理治療。她說：「我從八歲開始，就不知道快樂是什麼了。」

雖然她在運作上一切正常，也爲自己在這個世界上找到一席之地，但是三十二年來，她始終困在揮之不去的憂傷裡，也無法逃避空虛的感覺。莎莉有一次告訴我：「我活在一個與其他人不一樣的世界裡。他們可以看見色彩，感覺事情，彼此相愛，爲對方感到激動，但是這些我都沒有。對我來說，世界是灰色的。我就站在外頭看著裡面所發生的一切。」

莎莉說得對，她的確住在一個灰色的世界裡。她的油箱只剩下一半低純度的汽油，還被一整池沒有流出來的淚水給稀釋了。以下是莎莉這些年來一直壓抑在心裡的感受：

- 父親驟然從她的生命中消失所帶來的震撼。
- 失去父親的哀傷。
- 沒有人告訴她父親就要死了所產生的憤怒。
- 不敢提起任何相關事情的恐懼，因爲這麼做可能會傷害到其他人（她從母親僵硬的臉龐獲得這個訊息）。
- 失去了成爲某人的「特別之人」的感受，因爲後來她再也沒有過這樣的感受。
- 從此以後害怕對別人產生依戀，因爲從她的經驗來看，依戀會帶來慘烈的痛苦。
- 對自己和自己的家人感到憤怒，因爲在父親死後，他們假裝他彷彿從來沒有存在過。
- 罪惡感，因爲她在這一生當中，偶爾會希望得癌症的是她的母親，而不是死去的父親。

在這裡，有件重要的事情必須說明清楚，那就是莎莉的母親是個好女人。她雖然被壓得有點喘不過氣，但是仍然盡其所能地努力工作。當她知道丈夫生病了，命在旦夕，而且最後也失去了他，卻沒有任何可以排解憂傷的方法，更不用說要與孩子就這件事情進行溝通。她進入了「生存模式」（survival mode），採取了「埋頭苦幹」的策略。就她手邊擁有的資源來說，她已經盡力了。對莎莉而言，療癒工作的其中一個重點就在於瞭解爲什麼事情會以這種方式開展，這件事情對她造成什麼影響，以及最後這些強烈的情緒如何被深深地埋藏在內心之中。

在我們的療程裡，莎莉最後終於可以揭露這所有的情緒。她在我的診療室裡哭了好幾個鐘頭，把這些年來被她摒除在覺知之外的情感都表露出來。經過許多困難的工作，莎莉終於可以與自己連結，感覺自己活著，並且和別人一樣看見這個世界的色彩。

【案例16】

跟老師頂嘴的齊克（如果他的父母處於離婚狀態）

齊克從學校回到家，對於要把老師的字條交給爸爸感到有些焦慮。他希望可以把字條交給媽媽，不過今天是星期四，因為父母已經離婚，所以星期四晚上他都會和父親在一起。齊克知道爸爸看到字條一定會不高興，因為自從媽媽搬出去以後，爸爸就變得很疲倦，容易激動、也容易生氣。齊克不明白為什麼爸爸一定得要這樣，因為媽媽和繼父看起來真的很幸福的樣子，雖然這讓他有點難過，但是看到爸爸不開心，他也不好過。

齊克把字條交給爸爸，有些不安地看著爸爸慢慢地搖搖頭。「這都要怪你媽！」他說：「你會惹麻煩，對我來講一點也不意外，畢竟你媽對我們做了那些事情。不用擔心，我一定會和她談談這件事。」

或許你可以想像，齊克對於父親的反應可能感到有點困惑。齊克的衝動和好辯的天性完全被父親忽略了，他把這個情況當成是一個用來對付前妻的手段，因爲前妻輕率地離開他，而且沒多久又再婚。對於自己逃離父親的責難，齊克可能感覺鬆了一口氣，但是在內心深處，他覺得自己被忽視了。他的父親試圖表現出自己是在保護齊克的樣子，不過事實上他腦袋裡有著自己的打算。可惜的是，齊克沒有機會從他的錯誤中學習到任何東西。

我們當然可以理解，當一個男人的妻子突然離開他，他會感到多麼生氣和受傷；我們也可以瞭解，他或許擔心這件事會對孩子造成傷害。當齊克成年之後回顧這件事，他會清楚地記得父親想要保護他，沒有因爲他惹麻煩而對他生氣。然而，齊克永遠「不會記得」那件「沒有發生過的事」——沒有發生的事，就是那些能夠感受孩子情緒的父母會做的事。你或許還記得，這包括了去瞭解孩子的感覺、和孩子聊一聊、爲孩子設定規範，並且給孩子一些可以遵行的規則。如果齊克的父親像這樣持續地忽視孩子的感覺和需求，齊克很有可能在長大以後覺得自己的父親一點也不瞭解自己。但是他不會知道爲什麼，因爲他無法記得從來沒有發生過的事，所以他很有可能會把過錯都怪罪到自己身上。

5. 成癮型父母

當我們聽到「癮君子」，大部分的人都會想到「酒鬼」或是「嗑藥的人」。不過，成癮事實上包含了更廣泛的強迫性行爲，從賭博或購物，或是網路成癮、色情成癮，到刮刮樂成癮、菸癮、吃角子老虎機成癮、線上遊戲成癮等等。如果追尋得當，其中某些活動是令人相當愉快的壓力解除劑。不過如果一個人出現以下的行爲，就代表這樣的活動已經超過限度，變成某種上癮：

- 進行這些活動或是期待去進行這些活動時，會升起一股強烈的快感或鬆了一口氣的感覺。
- 在這個活動上投入越來越多的時間，且家人都注意到了，或是開始對此產生怨言。
- 把金錢或其他資源投入這個活動，不管自己是不是負擔得起。
- 以這個活動來達到多重目的，諸如消除壓力、社交、玩樂、調節情緒或是娛樂他人。
- 否認這個活動正在傷害自己或是他人。

面對前所未見的高科技產品層出不窮、信用卡消費、無線上網、以及社群網絡，我們任何一個人都有可能會發展出某種成癮的行爲。尤其是在美國，我們已經習慣高壓的環境和立即的滿足，而這兩者都是成癮的誘因。近年來神經科學家大衛．林登（David Lindne）寫了一些文章，探討我們的大腦究竟會對何種程度的愉快變得上癮。他呼籲讀者對癮君子有多一點同情心，就像是你在面對病人一樣。不過對於癮君子的家人來說，這件事情相當困難，因爲癮君子總是會讓最親近他們的人感到受傷。

成癮的父母也有各種面貌。其中一個極端是，這樣的父親或母親迷失在藥物或酒精裡，並且品嘗到明顯的苦果。這些運作失常的成癮父母所生的孩子，不只是在情感上受到忽視，且整個人都受到嚴重的創傷。不過，我們要討論的不是這樣的父母，而是那些運作良好、慈愛的父母，他們的成癮可能並沒有被家人視爲一個問題。這些父母可能像是我的一些個案所說的：「他每晚都會喝點啤酒，不過那算不上是什麼問題。」這些父母每天晚上都會喝點小酒，但是家人對他們很寬容，即使他們因此變得暴躁或軟弱，因爲無論如何，他們都待在家裡陪著孩子。正常運作但是有某些成癮的父母也可以成爲好父母：他們在家裡看著電視上的足球轉播，手裡拿著瓶小酒和一些零食幫支持的隊伍加油，還會邀請你的表兄弟姊妹、叔叔阿姨一起觀看比賽、一起烤肉。當你在學校惹麻煩，他們可以抬頭挺胸地走進校長辦公室爲你抱不平。他們也能爲你帶來歡笑。

所以，一個充滿愛心、喜歡喝點小酒的「足球媽媽」❶，究竟做了什麼或者沒做什麼，讓她落得必須成爲這本書討論的目標？或者，一個勤奮工作，只不過喜歡爲每場電視球賽下注，小賭怡情一下的老爸，爲什麼成了我們討論的對象？關於情感忽視的教養，他們有罪嗎？

簡單來說，運作正常但是有某些成癮的父母是這樣傷害孩子的：他們表現得判若兩人，然而孩子卻無法預測成癮父母會在當下表現出哪個面貌。當這些父母陷入成癮的行為時，他們就忘了

譯註：

❶美國中產階級家庭賢妻良母型婦女，通常住在郊區，花大量時間接送小孩去參加足球等課外活動。

教養的責任。他們暫時陷入昏睡，所以可能會變得刻薄、嚇人、幼稚、自私、或是行爲失當。當他們沒有陷溺在成癮的行爲裡，同樣一個父親或母親可能是慈愛的、對孩子充滿支持、明智、有幫助、風趣、或是讓人覺得安心。所以，對於一個成癮父母所養育的孩子來說，他們對於家庭生活的回憶可能相當錯亂，好的回憶和難過的回憶混雜在一起。在一個充滿無法預測因素的教養環境之下成長，成癮型父母的孩子會成爲焦慮、擔憂、以及心裡沒有安全感的成人。

【案例17】總是害怕事情會出錯的理查

理查第一次來進行心理治療的時候是二十七歲，之前他在工作時，經歷了幾次恐慌症發作。他搞不清楚究竟發生了什麼事，最後進了兩次急診室，他還以為自己得了某種心臟疾病。他的父親是人人敬重的消防局局長。當我問起他的過去，理查還說自己在青少年時期是個明星棒球員，高二時甚至被提名為年度最有價值球員。理查驕傲地告訴我，他的父親會參加他的每一場比賽。他還記得自己的父親會和他一起練習，通常都會擔任投手，讓他可以練習打擊。到目前為止，一切聽起來都很好，對吧？

在後來的幾次療程當中，我問理查：「在你成長的過程中，是不是曾經有過某些讓你覺得非常、非常焦慮的時刻，類似你最近體驗到的狀況？」

以下是他告訴我的：「那是在球季結束時的頒獎宴會上，高二的時候。時間是八點，我有點擔心，因為那時我爸通常已經喝了一些酒。當頒到年度最有價值球員時，並沒有叫到我的名字，而是頒給我的隊友。我爸站起來，用他消防局局長的宏亮聲音大喊：『不能頒給那個他媽的孩子。我兒子才是最優秀的運動員！』所有的人都嚇一跳，突然停下動作，先看看我，再看看我爸，然後又轉頭看我。我覺得很丟臉，狼狽地從那個地方逃走。我到外面，然後就吐了。我不願意再回想那件事。到了下個球季時，我到處參加派對，根本就沒空打棒球了。」

對於成癮型父母的孩子來說，父母不可預測的行爲會造成他們很大的焦慮。成年以後，他們會因此成爲焦慮症的高危險群。與那些不是由成癮型父母所養大的孩子相較，他們也會有比較高的機率成爲某些類型的癮君子。大部分時間都很好、偶爾卻變得很糟糕的父母，會養出沒有安全感、焦慮的成年人，總覺得事情會在哪裡出錯，或者等著事情出錯。

就情感忽視來說，成癮型教養對孩子還有另一個影響，那就是成癮型父母會傾向於以控制和干涉來平衡自己對孩子的忽略。

［案例18］

一直被媽媽嫌胖的愛爾希

愛爾希是一個黑眼睛、充滿洞察力的十二歲女孩，她母親帶她來進行心理治療。她的母親凱薩琳著迷於維持纖瘦的身材，同時也有酗酒的狀況。她向治療師抱怨愛爾希，說她的成績一落千丈，言行變得粗魯，而且悶悶不樂。她還說愛爾希是「喜歡小題大作的千金小姐」。愛爾希的父親因為工作關係得常常四處出差，家裡經常只有愛爾希、媽媽和妹妹。

我們進行第一次的療程時，她的母親先行離開，把愛爾希留在診間，和我單獨待在一起。愛爾希告訴我她很愛母親，但是她不會「和一個像她一樣的人做朋友，因為她有時候太刻薄了」。她說每次放學回家，才把手放到大門的門把上，就開始覺得煩惱。如果她的母親還沒喝酒，那倒還好。不過如果她喝了酒，又發現愛爾希吃零食，就會給愛爾希臉色看，或是要她出門去運動（雖然愛爾希很苗條）。愛爾希說，有個會注意自己女兒吃了些什麼東西的母親，有時還不錯。不過即使媽媽跟她說她不胖，卻還是會說「你吃的那些垃圾食物會讓你變胖」、「你吃夠了吧」、「快點去踩你的腳踏車，你這個懶惰鬼」、或是「那幾件褲子你穿起來好緊」，讓她覺得自己根本就不符合母親的標準。如果愛爾希的媽媽沒有喝酒，根本就不會說出這些話。

當父母陷在自己的成癮行爲當中，他們就無法注意孩子的情緒，也沒有辦法以孩子本來的樣子和他們相處。比如說，當愛爾希的母親受到酒精的影響，她會對愛爾希說「快點去踩你的腳踏車，你這個懶惰鬼」，但她並不是眞的在針對愛爾希，事實上她表達的是她對於自己的感覺——她對於肥胖的恐懼。當她沒有喝酒時，她就能夠以比較實際的眼光來看愛爾希、和愛爾希談話。但是在一杯黃湯下肚以後，所有的事情都變了。

關於情感忽視如何運作，這是一個很好的例子。愛爾希沒有被當成一個個體看待，而是成了她母親對於自己看法的一個反映。不幸的是，身爲一個孩子，愛爾希並不瞭解這一點。她把母親的話都當眞了。當我遇見她的時候，她的自我價值感很低，而且長期以來都覺得自己不夠好。

[案例19] 跟老師頂嘴的齊克（如果他的母親有電腦成癮問題）

齊克走下校車時覺得非常焦慮。他想著，在回家並把老師寫的字條交給媽媽之前，是不是可以做些什麼事情來殺時間。他知道如果自己可以晚點回家，他媽媽很有可能已經沉浸在電腦遊戲裡，因此不會太注意這張字條。

齊克其實不太擔心媽媽對於字條會有什麼反應，不過他是個聰明的小孩，這些年來他早就摸透這件事，他知道如果媽媽沉溺於電玩，有時就算自己做錯事，也可以逃過責罰。

所以齊克就在家裡附近閒晃，在朋友史考特家待了一陣子，接著又花了一些時間在鄰居的車道上尋找奇形怪狀的小石頭。又過了一段時間，他知道再不快點回家，媽媽就要開始擔心了，所以他鼓起勇氣走進家門。

當他進門，齊克立刻就發現媽媽頭也不抬，於是他鬆了一口氣。她叫住他：「今天上學還好吧？」齊克回答：「還可以啦！老師寫了一張字條要我交給你。」齊克趕快把字條放到電腦桌上，然後跑到廚房去找點心吃。他知道媽媽不會暫停遊戲來看那張字條，而當遊戲結束，她可能早就忘了桌上有字條這回事。

當他的「盡可能拖延陷入麻煩戰術」大獲成功，他鬆了一口氣，並希望媽媽今天可以在遊戲裡獲勝，這樣她的心情就會很好，最後就算看到字條也不會太生氣。

我們必須注意一個重點，那就是齊克並不是眞的很擔心媽媽會過度反應、生氣、或是對他暴力相向。他的母親實際上非常和藹、合理和慈愛。

這裡之所以會有問題，是由於他母親的電腦成癮為他製造了一個時機，而他不需要太久就可以搞清楚要怎麼利用這樣的機會來逃避某些事情，包括他自己的行為所帶來的後果。如果他可以利用這個時機逃避某些嚴重的事情，像是老師的字條，我們可以說他也會利用這個機會去逃避很多比較沒那麼嚴重的狀況。

由於他母親的成癮，他在學校的問題很有可能就這樣不了了之，齊克的情感在這裡也就被忽視了。如果他的拖延戰術成功，母親就不會把他叫去問話，叫他解釋一下，他也不會獲得被母親瞭解的感覺。他無法學著去認識自己的情緒，或是以語言表達自己的情緒；相反地，他會從成癮的母親那裡學到如何逃避後果，以及「操弄」別人。

有趣的是，長大以後，齊克很可能不會記得老師寫了字條這件事。如果他記得，他很可能會責怪自己要手段，而不是埋怨母親在情感上忽略了他。他會記得自己做了什麼，而不是母親沒做什麼。

6. 憂鬱型父母

讓我們再次回顧三年級的齊克，我們剛剛才討論過他，不過這一次我們要把他的父母換成憂鬱型父母。

【案例20】

跟老師頂嘴的齊克（如果他的父親是憂鬱型父母）

坐校車回家的路上，齊克對於自己在學校惹麻煩感覺很糟。他知道爸爸現在大概坐在沙發上。自從他被解聘以後，大部分時間都待在那裡。當齊克走進家門，他發現自己猜得沒錯。

他爸爸躺在沙發上，眼睛閉著，背景是打開的ESPA運動頻道。齊克跟爸爸打了聲招呼，並把字條遞給他。他很崇拜自己的父親，但是不明白他為什麼不再做任何事情了。

他的父親看了字條，臉上掠過一絲痛苦的神情，接著嘆了一口氣：「齊克，下次不要再這樣了，可以嗎？這樣不對。」齊克感到很丟臉，認為是他錯誤的行為讓爸爸難過。他囁嚅地說：「我下次不會這樣了，爸。」

他在那裡又站了一會兒，不過他爸爸閉上眼睛，顯然又睡著了，齊克這才悄悄地離開。

如果齊克那位憂鬱的父親沒有獲得一些幫助，對齊克來說，將會前景堪憂。他在長大的過程中，一定會覺得自己必須成爲一個循規蹈矩的孩子，這樣才不會惹得父親難過。這樣的模式可能會變成他人格的一部分，所以他就沒有勇氣去惹是生非、犯錯、或是讓自己成爲一個不完美的人。

這個憂鬱型的父親沒有足夠的精力或熱情來教養孩子。與要求孩子注意力的自戀型父母不同，憂鬱型父母通常有消失的傾向。這樣的父母會轉向內在，把焦點放在自己身上，想著自己究竟做錯了什麼，擔心自己是不是有辦法把事情做好。他們的能量很低，沒辦法給孩子什麼東西，也無法參與家庭生活。當他們現身，很有可能會顯得暴躁或是悶悶不樂。

面對這樣的狀況，憂鬱型父母的孩子通常無法以正面的方式來得到父母的注意力。父母不太會注意到他們良好的行爲，相反地，雖然搗蛋的行爲不太好，卻可以獲得一點關注。

這類型的情感忽視有很多紀錄可以參考。在學校裡，與那些非憂鬱型父母的孩子相較，憂鬱型父母的孩子經常被當成是麻煩製造者。因爲憂鬱型父母沒有給孩子足夠的安慰和鼓勵，所以這些孩子不知道該怎麼調適自己，以致在青少年時期很有可能會尋求藥物或酒精的安慰。

在面對正常教養要求的時候，憂鬱型父母會覺得自己好像是被逼迫的、坐困愁城、或是被壓得喘不過氣來，因此他們的孩子可能無法認知到自己的價值，在成年以後很可能也會變得憂鬱。最後，因爲憂鬱型父母對於自己的行爲沒有足夠的控制力，他們的孩子也可能會面臨失控的風險。

［案例21］

無法從憂鬱的父母那裡得到關注的瑪歌

瑪歌覺得自己是個不折不扣的壞胚子。十六歲時，她因為在女生的淋浴間喝酒，還有幫她參加的壘球隊買大麻，所以被她就讀的公立學校開除學籍，開始在家裡自學。她告訴父母，自己絕對不會停止參加各種派對。當她的父母溫和地想要給她設下一些規範，她就離家去找朋友。瑪歌告訴朋友們的母親，她的父母對她很壞，所以大家都十分同情她。不幸的是，瑪歌的父母太遲鈍，絲毫不知其他家長都這麼看待他們，所以一直以來大家都認為瑪歌的父母對她相當冷酷無情。在家的時候，瑪歌都待在房間裡，和男性友人在Skype上聊天。她會告訴朋友們自己在網路上的大膽豔遇，讓她們都覺得嚇一跳。

瑪歌的父母依蓮和布魯斯都是好人，他們會捐錢給慈善機構、固定上教堂，而且對所有的人都相當友善、以禮相待，但是他們兩人就某方面來說都有點憂鬱。他們的年齡比瑪歌朋友的父母都還要大一些，經過很多年毫無成效的不孕症治療後，最後領養了瑪歌。因為持有早期微軟公司的股票，他們在經濟上不虞匱乏。但是依蓮過去十四年來試著懷孕對她造成的陰影，一直揮之不去。瑪歌發現自己從學校回家時，媽媽經常都呆坐在沙發上，有時還穿著睡衣。這讓瑪歌非常生氣，這種時候她就會對母親表現出輕蔑、挑釁的態度。

她的父親和瑪歌的互動並沒有比較多。自從退休以後，他就感到十分空虛，覺得生命漫無目標。他會去圖書館，也會找些課程來上，藉此打發時間。瑪歌記得當她還小時，與爸爸曾經有過愉快的時光，但是自從他的妻子越來越憂鬱，他也變得越來越冷淡。他返家的時候，通常會從外面帶東西回來吃，因為依蓮不太下廚。接著，他就會坐在太太身邊的躺椅上，一邊看電視一邊打盹。

從八年級開始，瑪歌就常常在想，如果她死了，她的父母在她的喪禮上會有多難過、多後悔。她想像父母和朋友因為沒有在自己感到難過時幫助自己而感到哀傷。這些念頭不斷地出現，讓她真的開始考慮要結束自己的生命。當她因為用藥過量被送進急診室，接著被送進精神病院，她的父母似乎才突然清醒過來，開始關注她。最近，他們告訴她他們愛她，問她睡覺時有沒有安全感，就像心理醫生要他們做的那樣。每次只要她在房裡待太久，他們就會有些擔心，並且會問她好不好。

對瑪歌而言，終於獲得一點關注的感覺好極了！但是瑪歌害怕如果她表現得太開心，他們就不會擔心她，又回到之前的老樣子。她認為這件事一定會像她所想的一樣發生。

知道這件事，你可能會覺得很高興，因爲瑪歌的父母實際上並沒有回到之前那種情感淡漠和憂鬱的狀態。他們都獲得協助，瑪歌的療程也在進行中。

並非所有憂鬱型父母的家庭都像齊克家或瑪歌家那麼極端，但是如果憂鬱型父母的冷淡和疏離感一直持續下去，就會對成長中的孩子造成情感忽視。

7. 工作狂父母

在我們的社會裡，沉溺於工作通常被視爲一種正面的行爲。美國電視劇《超級製作人》藉由充滿野心的商人傑克・唐納吉這個角色（由亞歷・鮑德溫飾演），相當成功地描繪了工作狂的樣貌。在其中一個戲謔的場景中，這個角色經歷了因爲工作壓力而引發的心臟病，好不容易活過來以後，他躺在病床上，帶著滿腹的情感說：「與死亡如此近距離接觸後，我才發現自己這輩子都沒有好好地生活過。」當由蒂娜・費飾演的角色靠近他，想聽清楚他要傳授的人生智慧時，只聽他虛弱地耳語道：「早知道的話，我每天都要多工作幾個小時，並且把更多力氣放在工作上。」

在資本主義的經濟體系內，我們推崇勤奮的工作和優渥的薪資。在所有前面提過的成癮行爲當中（比如酒精、藥物、購物或賭博），工作是唯一一個實際上可以爲家庭帶來金錢的成癮行爲。工作狂通常都是使命感很強的成功人士，深受同僚、家庭和社群成員所景仰。不幸的是，默默承受痛苦的通常是他們的孩子。工作狂父母的工作時間很長，總是沉迷在他們的工作中，通常都沒有辦法給孩子足夠的關注，看看孩子有什麼需求或是感受。更糟的是，一般人較不會同情工作狂父母的孩子，因爲他們通常都擁有成功的父母、富裕的家庭經濟、高級的物質享受。

藉著把工作擺在第一位，工作狂父母傳達給孩子這樣一個訊息：與工作相較，孩子的情感和需求並沒有那麼重要（這會傷害孩子的自我價值感）。因爲他們沒有辦法積極參與孩子的成就和榮耀，也在無意中告訴孩子，他們的成就和榮耀並不重要（這會傷害孩子的自尊心）。有些孩子會在學校惹事，或者沾染酒精和藥物，就是爲了獲得父母的注意力。有些孩子在成長的過程中缺乏自我價值感，自尊心低落，卻不知道爲什麼自己會變成這樣。他們認爲自己養尊處優，而非像其他人一樣處處受限，對於自己內心的掙扎，他們覺得只能怪自己。低自我價值感、低自尊以及自責加總起來，很快就會累積成憂鬱症。

【案例22】

擁有優渥物質卻得不到父母的愛的山姆

山姆第一次來找我進行心理治療時是十九歲，當時他在一家非常昂貴的私立大學念一年級，他覺得非常憂鬱。他完全跟不上學校的進度，因為他早上很難起床去上課。他經常無法克制睡意，整天都躺在床上，因此把所有的課都蹺光了。

他覺得自己很爛，並對我這麼說：「我真的很可悲。我的父母努力工作，就是為了讓我可以過一種比他們更好的人生。他們給了我一切優勢，但是我卻把它們浪費掉。我只能說自己活該。」

為了瞭解山姆究竟怎麼了，首先你必須瞭解他的父母。山姆的父母在高中時遇見彼此，十九歲就結婚了。他們兩人都來自低教育程度、經濟貧困的家庭。雖然他們都很聰明，但是因為家庭經濟的緣故，都沒有機會接受大學教育。從他們結婚的那一刻開始，他們就知道自己必須努力工作，才能為自己、為孩子掙得舒適的生活。

山姆的父親力爭上游，從建築工人起家，最後掌管了全國各處的工地。雖然這讓他必須經常到處出差，然而他大幅躍進的薪水是他以前想都不敢想的。山姆的母親一開始在連鎖飯店當櫃檯服務人員，最後成了這家飯店總裁的特別助理，擁有令人刮目相看的薪資。不幸的是，在她的工作當中，有一部分職責是當總裁說「跳」，她就得「跳」，意思是她經常必須在半夜接老闆電話，開會可以一路從下午開到晚上，或是臨時起意決定去出差。山姆的父母事業越有起色，他們就越興奮、投入得也越多。他們的成就遠遠超過了以往最瘋狂的夢想，而他們從來沒有想過要暫停一下，或者是急流勇退。

父母的事業隨著時間越做越大，山姆也漸漸地失去了他們。山姆、他的父母、以及所有的人經常都會說山姆真是幸運，因為他們家的房子越換越大，開的車也越來越高級。山姆九歲時，他的父母雇用了他的第一個保母。每個人都可以看到山姆在物質上獲得了什麼，但是沒有人知道他漸漸失去了自己的父母。從九歲到十九歲，山姆從一個孩子——當時他還擁有慈愛、會關注自己的父母——到成為一個大學生。他是由保母養大的，現在大家期待他可以在大學裡發光發熱。

每個人都知道，如果一個孩子的父母過世了，這個孩子會感到悲傷、失落，甚至可能會得到憂鬱症。但是沒有人想過，一個孩子因爲父母的成功而失去了他們會是個大問題。因爲山姆並未察覺到他失去了父母，他不瞭解自己的悲傷和憂鬱的症狀從何而來，也就自然而然地認爲這一切只能怪他自己。這讓他在青少年時期對自己產生了許多憤怒、自責、以及低自我價值感，這種情況就這樣一直延續到成年時期。

[案例23]

跟老師頂嘴的齊克（如果他的父母是工作狂）

齊克走進他那豪華、寬敞的家，把字條遞給爸爸。他的父親正好回家換裝，準備出席傍晚的一場會議，他的母親則因為公事在外地出差。他的父親透過眼鏡看著齊克，臉上滿是失望：「齊克，這看起來不太好。但是很抱歉，我現在得出門開會了。我會把字條交給崔西（保母），她今晚會和你談一談。」

你或許會想，這樣的場景哪裡不好？畢竟齊克坐擁豪宅，有個顯然會關心孩子、只是太過忙碌的父親，還有一個會照顧他的保母。不過令人難過的是，就現實而論，就算保母是一個非常有能力且能夠感受孩子的照顧者，與齊克互動時總是能夠說出恰當的話，這仍然構成了情感忽視。因爲齊克的父親把任務交給保母，就等於給了齊克一個清楚的訊息，那就是爸爸的工作比齊克的生活教訓還重要。日後齊克可能會記得「發生過」的事：他父親欠缺關愛的回應、保母與他的談話、甚至是他從這件事情獲得的教訓。不過，他可能不會瞭解或是記得父親沒辦法抽空與他談談這張字條，或是自己比不上父親的工作重要這樣的訊息，但是這可能會讓他的自我價值感變得很低。他或許能夠處理並且瞭解「發生過」的事件，但是對於那些他不記得、「沒有發生」的事情，他就一點辦法也沒有了。

8. 必須照顧特殊需求家庭成員的父母

如果說這本書要把某些父母歸類爲情感忽視父母，那麼，那些家裡有人生病或是受到嚴重傷害的父母是最無辜的。然而，我把他們放在這裡，這不是他們的錯，只是生活給了他們難以承受的挑戰。看看下列的對話。這是湯姆和佩蒂這對父母正在和他們的女兒米蘭達講話，她十三歲，是三個孩子裡頭最小的。

「你眞是我們的好幫手。」米蘭達的父親湯姆這麼說。

「一點都沒錯！」佩蒂補充道：「我知道這一陣子很不好過，因爲派翠克最近到兒童醫院更換體內的分流管。你哥哥史蒂芬只會抱怨。但是看看你！你眞是我的靠山！」

以下的對話則是發生在史密斯家庭，十歲的傑克有個哥哥因爲自閉症而深受行爲和情緒問題所苦：

「我知道陶德拿你的東西讓你很無奈，」傑克的爸爸對他說：「我也知道他最近一直失控讓你覺得很難過，但那是因爲他換了藥。我很抱歉我們的棒球遊戲被打斷了，但是你媽需要我的幫忙才能應付陶德。你不應該受到這種對待，但是你知道嗎，傑克，從現在開始我們都要對彼此好一點、有耐心一點。陶德對自己的問題無能爲力，你媽和我已經盡力了。之後狀況應該會漸入佳境。」

最後，以下是齊克家裡的狀況：

齊克從廚房走進來，拉門在這時候被關上。他帶著恐懼進門，因爲他知道自己必須把老師的字條拿給媽媽看。齊克覺得很糟，因爲他的母親還得處理另外一個負擔，已經忙得不可開交了。沒多久，齊克的母親從屋子的另一邊現身，手指頭放在嘴唇上示意他噤聲：「噓，齊克！你爸剛睡著。昨晚對他來講實在是太難熬了。」一開始，齊克感覺到極大的放鬆，因爲他就是希望爸爸睡著，這樣他就只需擔心媽媽看到這張字條後的反應。但是他的放鬆很快就被羞恥感所取代：「我父親臥病在床，但我在乎的只有自己，我眞是糟糕。」

如果一個孩子在成長過程中，家裡有個重病的人，不管那是父母或是手足，一般來說，孩子所得到的關愛通常都會大打折扣。米蘭達、傑克和齊克沒有做自己的自由。以齊克的例子來說，他因爲一件普通的事情和感受（帶著老師的警告字條回家，希望可以不要被父母責備）而有了罪惡感。

通常，給予照顧的父母自己也分身乏術，所以會在有意或無意間叫健康的孩子無私地幫忙。在一個有著生病孩子或是大人的家庭裡，生活通常都處於一種危機模式。舉例來說，當一個家長必須持續地往返醫院，在情感上被忽視的孩子就要自己加熱冷凍食品，一個人坐在電視機前進食；或是一個孩子會發現自己老是聽到他不該聽到、也聽不懂的醫療對話；又或者，孩子經常發現自己必須搭其他家長的便車去參加足球比賽，他們也會漸漸習慣父母無緣無故就對自己發脾氣。

家有病人的父母通常會發現，這種情況會對健康的孩子造成影響。他們很可能會定期關心孩子，試著跟孩子討論他的狀況，並且提供可能的支持。他們知道自己在生病的家人身上花了太多時間，甚至爲這樣的狀況感到憂心，所以，這些家長看起來不像是會在情感上忽略家裡健康孩子的父母。但是有許多研究對有病人的家庭進行調查，訪問家長和健康孩子的感受，要求雙方對健康孩子的表現進行評量。研究的結果相當一致，家長都認爲健康的孩子表現「還可以」，但是對於孩子來說，他們都有著比較負面的看法。結論是什麼呢？當家長（覺得自己）無力去改變孩子生命中不好的遭遇，他們就會試圖去降低這些壞事的影響力。這些家長不只是無意識地小看了孩子的壓力，也會在無意中要求他們要像大人一樣懂事，而這不一定是孩子有辦法做到的。他們通常會需要、並且期待健康的孩子表現出同情心，就像他們一樣地無私和有耐心。

有時候，生病的家人可能會對孩子的整個童年造成影響。在這種狀況下，孩子很可能會發展出像是「小大人」的態度，一直持續到青春期爲止。

［案例24］

因為生病的哥哥而被父母忽略的史都華

史都華的爸媽帶他來做心理治療，他們說，十五歲以後，他就變得「很負面」。剛開始進行治療的時候，有好幾次他幾乎一句話也不說，藉此表達他被迫來到這裡的不滿，什麼都不想多說。我立刻就發現史都華的父母因為太過憂心史都華的哥哥賴瑞，因此看起來有些疲倦——賴瑞生病了，對於各種感染沒有什麼抵抗力。我會知道這件事，是因為每當我試著從他父母的角度來探詢史都華的行為發展歷程，他的父母卻總是不斷地把主題帶回到賴瑞身上，並對於自己的行為渾然不覺。因為這樣，我知道史都華就像許多家有生病手足的孩子一樣，在這些年來壓抑了自己的負面情緒和個人需求。

對我來說，有件事非常清楚，那就是史都華終於到達了臨界點。他堅強的偽裝開始碎裂，再也無法假裝自己「還好」。史都華的壓抑終於不可避免地潰堤了，但是他的父母卻不知道為什麼。他們心想，會幫忙父母的那個好孩子到哪裡去了？所以他們帶他來進行心理治療，希望可以「矯正」他的負面態度。

在幾次和我一對一的療程後，史都華終於開口了。他向我闡明，他不敢帶朋友回家，因為這顯示出他擁有正常的朋友關係，但是賴瑞卻沒有，這讓他覺得很有罪惡感，而且他也擔心自己的朋友沒辦法瞭解賴瑞某些怪異的舉動。接著他又因為覺得自己的哥哥很丟臉，但是因為他愛哥哥，所以又產生了新的罪惡感。

就這樣，他來到我的診療室，對於自己給父母帶來麻煩感到很過意不去。他極度渴望父母的關切，但是對於父母沒有辦法看出他的悲傷又覺得很生氣，然而又無法開口表達自己的感受。在幾次療程之後，有天家裡發生了一件事，讓史都華對家人惡言相向。他的父母告訴我，心理治療「讓史都華變得更糟了」。因為我鼓勵史都華表達自己的感受，所以他脫口而出：「每件事情都和賴瑞有關。你甚至提早離開我的明星賽，只為了去幫他拿藥！」他的父母開始解釋說他們只是提早幾分鐘離開，還說他太敏感了。

在這個點上，我堅定地做出了干預手段：「這就是問題所在。你們並沒有真的允許史都華自由地表達他的感受。當他真的這麼做了，你們又說他太敏感。賴瑞不是唯一一個需要幫助的孩子，但是你們幫助賴瑞的善意已經妨礙了你們教養史都華的能力。你們讓他覺得擁有自己的感受和個人需求是一件充滿罪惡感的事情。」

在我的診療室裡，這個痛苦的時刻對史都華而言是一大轉機。幸運的是，他的父母終於能夠瞭解，在過去這段時間裡，賴瑞的疾病是怎樣妨礙了史都華的社交和情緒發展，讓他必須壓抑自己的罪惡感、憤怒和悲傷。雖然他們帶他來做心理治療是希望他可以改變，不過事實證明，他們的改變和史都華的改變比起來不遑多讓。

他們之所以沒有注意到史都華的掙扎，是因爲他在成長的過程中沒有爲他們帶來什麼麻煩。史都華的父母終於瞭解，從賴瑞生病以來，他們對史都華的期望就是希望他不要製造任何麻煩。有了這樣的覺知，史都華的父母開始會去多加留意他的需要和感受。如果在史都華進入青春期以後他們還能夠繼續這麼做，情感忽視的負面效果就可以被逆轉，史都華就能夠快樂、健康地長大成人。

9. 成就與完美導向型父母

成就與完美導向型父母很少看起來心滿意足。如果孩子拿了每一科都是A的成績單回家，他們會說：「希望下一次每科都是A+。」這樣的父母和我們討論過的自戀型父母有一些共同點。事實上，他們有許多類似的行爲。許多自戀型父母都是完美導向的，他們希望自己的孩子可以反映出父母的優秀之處。換句話說：「如果我的孩子每一科都拿到A，我就會很有面子。」這種「鏡像效應」是大多數成就與完美導向型父母的特徵之一，但也不盡然都是這樣，推動成就與完美導向型父母背後的因素可能有很多。

並非所有的成就與完美導向型父母都會在情感上忽視孩子。許多奧林匹克運動員的父母、鋼琴演奏家的父母和職業棒球選手的父母，都可被歸類爲成就與完美導向型父母，因爲他們有動機，也支持自己的孩子盡全力表現。不過，沒有忽視孩子的成就與完美導向型父母與忽視孩子的成就與完美導向型父母，其差異在於：支持。健康的成就與完美導向型父母會「支持」孩子達成「孩子」想要的目標；不健康的成就與完美導向型父母則是會「逼迫」孩子達成「父母」想要的目標。

有些成就與完美導向型父母不斷地給孩子壓力，要他們有所成就，此乃因爲他們出於對自己的絕望，希望孩子可以擁有他們年輕時所沒有的機會。對於許多這樣的父母來說，他們的行爲是由自己的情感所驅動，認爲自己一定要完美才行；有些則是希望可以透過孩子來活出自己的生命；還有另外一些成就與完美導向型父母可能只是簡單地以他們被扶養長大的方式來養育自己的孩子，因爲這是他們唯一知道的方式。

當年幼的齊克把老師的字條交給他成就與完美導向型的母親，你認爲她會說什麼呢？

【案例25】

跟老師頂嘴的齊克（如果他的母親是成就與完美導向型父母）

「齊克，你怎麼能在學校這麼做？你要申請超級棒兒童學校（Superior Amazing Child School）的入學許可，現在蘿洛老師可能會改變心意，不幫你寫推薦信了。我們現在就打電話給蘿洛老師，好好地解決這件事情。」

或者，第二種成就與完美導向型父母會這麼說：

「齊克，你能做的事，遠比用指尖去把玩一支鉛筆還多！蘿洛老師是對的，如果你被鉛筆戳到眼睛，可能會導致練琴的進度落後。想想看，如果你沒辦法看譜，要怎麼練習呢？」

或者，第三種成就與完美導向型父母則是會這麼說：

「齊克，我對你真是太失望了！我為你做了那麼多犧牲，你才能進去這家貴得要命的學校讀書。如果蘿洛老師認為你是一個搗蛋鬼，可能會毀了我為你所做的一切努力。你得好好考慮一下你的未來了！」

注意看看，這三種回應方式似乎都是以齊克的最佳利益爲考量。這些成就與完美導向型父母顯然都很關心自己的孩子，想要孩子擁有最好的未來。問題在於，這些母親所表現出來的反應，事實上都忽略了齊克的感受。沒有一種反應是考量到齊克必須學著去控制自己的衝動，沒有一種反應有提到最近齊克老是被哥哥、姊姊當成孩子對待，沒有一種反應有跟齊克討論對「他」而言重要的事情。所有這些反應都是出於父母自己的需求，而不是齊克的需求。他們談論齊克的未來的態度，就像是他年紀太小，無法自己注意、或是無法瞭解該怎麼爲將來打算。他們剝奪了齊克學著認識自己和自己的感覺、以及學習如何與權威人士相處的機會。隨著時間過去，爲了消化這樣一個簡單到了極點的訊息——「只要乖乖的，你就會成功」，齊克很有可能會壓抑自己的各種需求和感受。這種作法在童年時期或許有用，但是到了青春期和成年期，他就會發現內心有某些空洞，覺得自己缺少了自我瞭解、對於情感的覺察、以及對自己的愛。

【案例26】

覺得自己不夠好，轉而要求孩子要完美的提姆

提姆真的是被他的太太崔西拖到診療室來做婚姻諮商的。在我們第一次的療程中，要提姆開口說話很不容易。當他講話的時候，他唯一說的一件事就是他對於自己、對於崔西都感到失望。「我們愛著對方，這樣應該就夠了。但是對崔西來說，她總是覺得不夠。」他說。每當我要他再說得詳細一點，他就只會說：「我不懂她為什麼就是不能放手？為什麼她就不能快樂一點呢？」

如果只看表面，我可能會認為崔西是他們的婚姻裡頭比較難相處的那一個。但是就我過去和許多伴侶工作的經驗來看，我知道其中一定還有很多內情。當我問崔西問題，她開始哭泣。以下是她告訴我，為何她要帶提姆來進行心理治療的原因：

「提姆說他在我們的婚姻中感到很快樂，但是他看起來一點也不快樂。他每次下班回家，脾氣都很暴躁。他是一個很棒的爸爸，但是有時候只要孩子的表現不夠完美，他就會對他們大發雷霆。他總是對自己感到不滿。他才四十歲就已經成為他們公司的副總裁，但是他依然覺得自己有所不足，他認為自己在這個時間點應該早就要晉升為執行長。我試著和他談這件事，但是他把我拒於門外。我知

道他處於一種悲慘的狀態中，我想幫忙，卻愛莫能助。就這點來說，我愛他，但是我沒辦法這樣生活下去。請幫助我們，讓我們可以一起走下去。」

讓我們暫停一下，想想提姆的處境。在我們第一次療程的最初十五分鐘，我就強烈地懷疑他是個遭受童年情感忽視的孩子。以下是我在提姆身上看到的童年情感忽視徵兆（當你讀到第三章，你會學到更多相關的徵兆）：

- 脾氣暴躁。
- 完美主義，證據是他對於孩子的錯誤沒什麼容忍度。
- 缺乏對於情感的覺察，表現爲「爲什麼她就不能快樂一點呢？」。
- 反依賴，證據是他因爲自己需要別人的幫助而對自己感到失望，並且拒絕崔西的幫助。
- 對自己缺乏慈悲心，證據是崔西說提姆覺得自己有所不足，只是副總裁、而不是執行長。

經過十幾次的療程後，提姆終於願意進行個別治療。在這些療程當中，我發現提姆的父母雖然慈愛，但是在教養他的時候，卻只給他一個目標：做人要成功。童年時，提姆的壓力、掙扎、成就和能力，都被父母透過「好還要更好」這樣的濾鏡來檢視。提姆因而學會，他的情感、需求和經驗都不足為外人道，唯一重要的是，「這件事對你的將來有著什麼樣的意義？」提姆長大成人、結了婚、生了小孩，但是對於自己、自己的情緒、或是如何與人連結（包括他的妻子），卻都不太瞭解。

幸運的是，提姆願意敞開心房與我分享這些事情，所以我們就能夠處理這個問題。在幾次個別療程之後，他終於能夠把剛學會的自我接納、慈悲和寬容，運用在他的婚姻和孩子身上。

當一個孩子被成就與完美導向型父母教導彷彿他的情感和情緒需求一點也不重要，他內心深處的某個部分便會遭到否定。這個部分變得像是房間裡的大象，沒有人想要看見它、聽見它，然而它卻是這個人之所以是他自己最重要的一個部分。要適應這樣的家庭、與這樣的父母相處並在其中成長，大部分的孩子都會採取否定的方式，假裝自己的情緒並不存在。這也難怪，受到情感忽視的孩子在長大以後，會有一種匱乏的自我感受、對自己沒有愛，同時也缺乏與其他人在情感上連結的能力。

10. 反社會型父母

這個類型或許是這本書裡最令人驚訝的父母類型。即使你百分之百確信自己不屬於這個類型，我還是建議你要讀一讀。

當你聽見「反社會」這個詞彙，腦海裡會浮現哪些人呢？人魔漢尼拔？《黑道家族》裡的老大東尼．索波諾？法西斯主義創始人墨索里尼？這些人確實是這個概念的代表人物，不過他們也是反社會者最極端、最戲劇化、最顯而易見的版本。

這本書要討論的反社會者是另外一種：這種反社會者從來不會違法、從來沒有坐過牢，他們的表現沒有那麼明顯，但是在這個社會上卻更爲普遍。這樣的反社會者可能是你的鄰居、你的兄弟、你的母親或是你的父親。他可能擁有修得美輪美奐的指甲、完美的工作，他們熱心公益，也會參加家長教師聯誼會。大部分的人都不會認爲他們反社會，事實上，他們可能具有某種吸引眾人目光的魅力。他們可能受眾人仰慕，對許多人來說，他們無私地奉獻自己，對所有的人都很友善。但是在內心深處，這些人和我們都不一樣。有時候沒有人看得出來這些人哪裡有問題，除了那些最親近他們的人。他們的孩子通常可以感覺到自己的父母和別人的父母有點不太一樣，但這不代表孩子瞭解這是怎麼一回事。

反社會者有個主要的特徵，這個特徵將他們與我們區別開來，一言以蔽之，就是「良心」。簡單來說，反社會者沒有罪惡感。因爲這樣，他們可以自由自在地做任何事情，心裡卻一點負擔也沒有。只要他們想要，反社會者可以去做或是去說任何事情，而不會在隔天或是在任何時候覺得自己做錯事或說錯話。

伴隨著零罪惡感而來的就是缺乏同情心。對於反社會者來說，其他人的感覺一點意義也沒有，因爲他們沒有感受的能力。事實上，反社會者不像我們可以感受事情。他們的情感以一種非常不一樣的系統在運作，這個系統建構在控制他人的基礎上。如果一個反社會者成功地控制了你，他很可能會對你產生某種愛意；相反地，如果他無法成功地控制你，他就會瞧不起你。他會使用一些下流的手段來達到他的目的。如果這些手段沒有用，他就會開始霸凌你。如果霸凌也失敗了，他就會透過傷害你來作爲報復手段。

因爲沒有良心，反社會者可以隨意地運用任何低劣的手段來達成自己的目的。他們可能在言語上相當刻薄，或是故意用錯誤的方式來呈現某些事情，扭曲別人的話語來迎合自己的目的，如果事情出錯，就把過錯推到別人身上。因爲怪罪別人很容易，所以沒有必要承擔自己的過錯。反社會者深知扮演「受害者」的好處，而且常常演得就像是眞的一樣。

瑪莎．史圖特博士（Dr. Martha Stout）是《4％的人毫無良知，我該怎麼辦？》（*The Sociopath Next Door*）一書的作者，她說要辨認出你是不是正在與某個反社會者打交道，最值得信賴的一個指標就是這個人顯然在傷害你，但他們卻表現得若無其事，彷彿自己沒有做錯什麼事情，而且表現出一副你不應該覺得自己受傷的樣子。如果有個人對你一而再、再而三地這麼做，你應該要知道他有可能是個反社會者。

當這個人是你的父親或母親，這樣的領悟可能會非常痛苦，但是這個領悟也會爲你帶來解放，改變你的生命。通常反社會型父母的孩子會絕望地試圖將父母的行爲合理化，他們在面對那些無法解釋的行爲時，可能會變得非常有創意。以下是我聽過的一些藉口，來自那些父母是反社會者的成年人，他們想到這些藉口來爲父母傷人、低劣或是無情的行爲找到理由：

「他有焦慮症。」
「她不是故意的。」
「她的大腦生病了。」
「他只是太在乎了。」
「她無法控制自己。」
「他小時候過得很辛苦。」

要進一步瞭解這些孩子在長大成人以後會怎麼試著去解釋，彷彿問題可以透過解釋而消失無蹤，讓我們再來看看齊克，這次他把老師的字條交給了反社會型的母親。

［案例27］
跟老師頂嘴的齊克（如果他的母親是反社會型父母）

齊克看著媽媽讀這張字條，與此同時，他看見媽媽的嘴唇抿成了一條不愉快的細長、僵硬線條。

「這是什麼！齊克，你怎麼能做這種事？你在學校的表現，實在讓我覺得很丟臉。」

齊克的眼眶泛淚。他正要開始解釋，才剛把「我」這個字說出口，就被媽媽打斷：

「我看你沒什麼好說的。我不想聽你說話，或是看著我。現在就給我回房間去寫五十遍『我下次不敢在學校惹麻煩了』，最好是寫英文草書，而且要讓我看得懂。除非你寫完，否則不要讓我看見你，意思就是你沒有晚餐可以吃了。」

齊克在房裡待了四個小時，寫了又哭，哭了又寫。他努力把這個句子寫了二十遍，但都不是草書。他覺得心裡有種恐怖的冰冷，因為他知道媽媽一看到他寫正體字就會大發雷霆。不過，他一點希望也沒有，因為他年紀還小，很難把草書寫好，畢竟他在學校才學到一點基礎而已。

他又餓又傷心，還因為把媽媽惹毛了而感到愧疚。他在罰寫的紙張下面畫了個愛心給媽媽，戰戰兢兢地從他的房間走向正在看電視的媽媽。他卑微地說：「媽，我只寫了二十遍。我保證下次不會再犯了。拜託，我可以寫這樣就好了嗎？」齊克的母親眼睛沒有離開電視，所以她沒看見齊克的一頭亂髮、他的疲憊或是充滿淚痕的臉龐。她咆哮著：「給我回你的房間去，不然我就會真的讓你欲哭無淚。你還沒寫完就離開房間，所以你得再多寫十遍。」她帶著恐嚇的樣子站了起來，開始走向齊克。齊克知道自己必須趕快離開。他跑回房間，撲倒在床上，最後哭著睡著了。

在這樣的互動裡，值得注意的是，齊克的母親對於自己的孩子表現出一種極爲不熟悉的樣子。她沒有察覺到，就孩子的發展來說，有哪些是孩子做得到、哪些是孩子做不到的事（他有沒有辦法寫那麼多遍，或是寫草書），也沒有辦法察覺孩子的感受（同理心）。她還表現出一種殘酷，以及想要在情感上傷害兒子的意圖，這已經近乎虐待狂的邊緣（以傷害他人爲樂）。

雖然極端和嚴厲的處罰是反社會型父母的標記，但並非所有反社會型父母都一定會以極端的後果來懲罰孩子。有些反社會型父母並不會處罰孩子，而是以其他的方式來實現自己控制的需求，比如說，製造孩子的罪惡感，或是透過看不見的手段來操縱孩子。反社會型父母有個共同之處，那就是對他們而言，養育孩子跟其他事情差不多——一切都跟權力和控制有關。

【案例28】

不斷從母親那裡接收罪惡感的華勒斯

年邁的父親過世後，四十七歲的華勒斯前來接受心理治療。他並不是想要釋放父親辭世的哀傷，而是因為他在面對母親時，有著極為沉重的罪惡感。華勒斯住的地方離父母的住所只有兩小時車程，然而過去二十年來，他一年只回去看他們一次，甚至更少。當我和他一起探尋這個議題，事情變得很清楚。在他的記憶當中，他一直對這件事感到愧疚。他告訴我，他因為自己沒有常常回家探望父母，而覺得自己是個不關心父母、忘恩負義的兒子。不過他也說，每次只要他去探望他們，就會變得憂鬱，不然就是大病一場。「這讓我很不想去。而且我太太也很討厭去，大概是因為我媽不喜歡她吧！」

華勒斯說他最近剛過世的父親是個工作狂，很少在家，也不太關心他的生活，他的母親則是個「難搞的人」。當我問華勒斯與這有關的問題，他解釋：「無論我做什麼都不能滿足我媽。她痛恨我太太，我想主要是因為我太太把我的注意力從她身上奪走了。」華勒斯解釋，他的母親認為他很自私，很少回去看他們，而且她會在每次他們講話或是見面的時候，直接或是間接地讓他知道這一點。這些年來，她會透過各種手段來表達自己對於兒子棄母親於不顧的失望。

他告訴我一個故事，從這個小故事可以看出他母親反社會的教養風格：

有個聖誕節，華勒斯和妻子、孩子們決定要順從他母親的希望，勇闖虎穴。他們大概有一年沒有去探望過父母，也知道他們應該要在母親準備的聖誕節晚餐上做做樣子。華勒斯的母親對於他們要來訪感到很高興，甚至準備了一道他小時候最喜歡的地瓜菜餚。這次拜訪看起來順利得不得了，直到拆禮物的時間。當幾個孫子興奮地拆開包裝精美的禮物，想看看祖父母送他們什麼東西時，華勒斯的心情跌到了谷底，他明白他的母親又在表達她對於自己沒有關注她所感到的失望。這一次她的表達方式是送給其他孫子昂貴的新型iPod，但是華勒斯的孩子們得到的卻是便宜的塑膠玩具相機。華勒斯的孩子們有禮貌地謝謝祖父母的禮物，但是華勒斯看得出來他的小孩一頭霧水，而且對於他們的禮物跟堂兄弟姊妹的禮物之間的巨大落差，感到相當受傷。

那天稍晚，當他有機會私底下和自己的孩子們講話，華勒斯試著向他們解釋不公平的聖誕禮物這件事。他告訴孩子們，祖父母因為年紀太大，所以搞不清楚這些禮物的差異在哪裡。但是這成為了他無法釋懷的一個事件，他知道自己必須跟母親談談。他在廚房找到她，她自己一個人在那裡，他問她是不是想利用這些禮物告訴他什麼事情。「難道聖誕節對你而言就只是禮物貴不貴而已嗎，華勒斯？你什麼都不在乎，只在乎錢。明年我會記得在你的孩子們身上多花點錢，如果這樣能夠讓你開心的話。」她接著又說：「對一個忙到沒有辦法來探望父母的人來說，我猜這大概就是他想要的。」

吃聖誕晚餐的時候，華勒斯的母親表現得彷彿沒發生過什麼負面的事情，一副聖誕節很快樂、一切都很美好的樣子，並且要華勒斯也這麼表現。

在華勒斯成年以後所發生的這個故事中，他的母親展現出了反社會者所有的特徵：試著透過低劣的手段來控制他、不懷好意地攻擊他，接著表現出剛剛的攻擊完全沒有發生，裝出一副受害者的模樣（被忽視的母親），還把過錯推到華勒斯身上（自私的兒子）。此外，她還不惜藉由傷害自己的孫子來傷害華勒斯。

當我和華勒斯一起進行心理治療一段時間以後，他才發現自己承擔了不屬於自己的罪惡感。他的母親以及他不管事的父親，在他的童年時期、青春期以及成年時期，透過這種控制、懲罰的手段，讓他越走越遠。每次探訪父母的時候，因爲他不瞭解究竟發生了什麼事，以致他老是覺得心情憂鬱、身體不適。由於他在這樣的家庭裡長大，無法看清楚父母的本質，所以他一直在吞食母親的毒素，反過來責怪自己。認清了母親是個反社會者這件事情，讓他有了新的體認，那就是他必須採取必要的手段來保護自己和自己的孩子。對他而言這是一種解脫，讓他可以把焦點放在保護措施上，而不是聚焦於被誤植到自己身上的罪惡感。

關於你的父母或是生命中的其他人是不是反社會者，請見書末的參考資料和《4%的人毫無良知，我該怎麼辦？》一書中的相關訊息。

11. 身兼父職或母職的孩子

這類型的父母，在現實中允許、鼓勵或是強迫自己的孩子表現得跟大人一樣，而不是像個孩子。有時這樣的孩子必須自己教養自己，有時還得身兼父職或母職，照顧自己的手足。在最極端的狀況下，孩子可能還得照顧自己的父母。這種家庭通常都面臨著某些非常困難的狀況，逼得孩子要一下子長大。

在我們談過的一些教養型態中，就有家裡突然出現困境的例子，舉例來說，像是單親家庭、家裡有生病的人、或是家裡有成癮或憂鬱的父母。另外還有一些例子可能是家中遭逢經濟巨變，雙親只好長時間離家工作。在所有的例子當中，眞正的父母都因爲某些原因而無法行使教養功能，以致孩子只好挺身而出做這件事。

【案例29】

跟老師頂嘴的齊克（如果他必須身兼母職）

三年級的齊克走路回家，口袋裡放著一張老師的字條。他盡自己最快的速度，要在鄰居把五歲的妹妹從幼稚園接回來之前趕回去。妹妹還太年幼，不能自己待在家裡，而他的母親要到晚上八點，才能從當地的商店收銀台工作收工回家。

齊克根本就不擔心這張字條，他知道媽媽不會為此難過，因為他是個相當有責任感的孩子。母親依賴他，也相信他可以照顧妹妹，會做花生醬三明治當他們的晚餐，也會在她回家之前幫妹妹換好睡衣。她不會對齊克大吼大叫或是擔心些什麼。

在這裡，齊克絲毫不擔心母親反應的態度，顯示出他並不認為自己是個孩子。他承擔了照顧妹妹的責任，而那基本上是在扮演大人的角色。此外，這個責任給了他一個地位，讓他在與母親的親子關係中，獲得比一般孩子還要多的權力與權威。當父母與孩子在身分上失去界線，齊克便無法從學校的這個事件當中學到教訓。齊克沒有童年，這會讓他在青少年時期產生更多叛逆的行為。但是除非情況有所改變，不然他很可能會變成一個過度承擔責任的大人，不知道自己有什麼感覺、自己想要什麼、或是不知道自己的事情有什麼重要。對於遭受到童年情感忽視的成年人來說，這種空虛、疏離的感覺是他們經常會碰到的一個制約。

話雖如此，我們必須注意一個重點，那就是：

在一個必須妥協的家庭裡，比如家裡有單親父母、生病的父母、生病的手足、或是家庭經濟遇到困難，父母不必然會犯下情感忽視的過錯。許許多多必須接受這種挑戰的父母，努力地與孩子的感受保持同調，並且為孩子提供他們所需要的照顧和關注，好讓他們在長大成人後可以融入這個世界，並且充滿生活的動力。實際上，要防範情感忽視，你不一定得花很多時間和孩子在一起。你可以不用花那麼多時間也能覺察孩子的感受，幫助他們理解自己，瞭解自己的情感需求。如果你有時間，這件事會比較容易一些；不過如果你沒時間，依然可以利用其他方法來克服這個問題。

要詳細說明這個重點，讓我們重新來看看案例15莎莉這個個案。

［案例30］

沒人告訴過她父親會過世的莎莉

還記得莎莉嗎？我們在第4型「離婚或喪偶的單親父母」中提過她。當她還小的時候，父親就因為癌症而過世。失去父親，對於她的人格和成年時期的運作產生了深刻的影響。如果你還記得，沒有人告訴她們家的孩子，父親可能會過世。莎莉是因為姊姊說「爸爸走了」，才知道這件事，而不是透過母親。莎莉的父親過世後，她的母親幾乎不再提起他。從那之後，這些孩子就被留在家裡，基本上是自己照顧自己、自己教育自己，因為他們的母親為了養家，必須從事一份工時很長的勞力工作。

在這樣的情況下，你認爲有哪些事情可能會讓莎莉在成年以後感到空虛、感覺自己住在一個沒有色彩的世界裡呢？是她父親的死亡嗎？是她母親在父親過世之後長時間不在家嗎？還是因爲後來這個家庭所面臨的經濟困境？

正確的答案是「以上皆非」。所有這些因素都是「已經發生過」的事情，它們是事件，而事件本身是不會造成情感忽視的。如果莎莉的母親在最悲傷的時候還能夠去感受孩子情感上的需求，事情的後續發展可能會相當不一樣。

莎莉之所以受到情感忽視，並不是因爲失去了父親，也不是因爲父親病故以後所發生的事。眞正的原因是在她父親去世之前和之後那些「沒有發生」的事。她的父母沒有和孩子談論父親的病況；孩子對於即將發生的事情（爸爸久病不癒以及接下來的死亡），一點心理準備也沒有；她的母親也沒有以一種謹愼、溫和的方式來宣布父親的死訊；父親死後，母親和其他年長的家庭成員也沒有對孩子的困惑、驚嚇和悲傷表示關心；母親沒有允許孩子談論、分享自己的感覺來緬懷父親，或是協助孩子瞭解自己的感受，並且在情感上互相支持。

所有這些因素都是缺乏了某些東西的緣故，它們是全家福照片的空白之處，是背景、而不是前景。這就是爲什麼莎莉在成年以後會遭遇那麼多困境，然而她卻不知道自己到底哪裡有問題，還有爲什麼事情會變成這樣。

12. 爲孩子著想但是缺乏自覺的父母

即便是最慈愛、最爲孩子著想的父母，也有可能在情感上忽視孩子。就像我們在本書一開始提過的，這類型的父母很有可能在情感忽視的父母裡頭占了絕大多數。在看過那麼多不同類型的情感忽視父母之後，你可能已經知道，一個慈愛、關心孩子的父母，也有可能忽視孩子的情感需求。一個愛著孩子、總是爲孩子著想的父母，完全有可能在情感上忽視孩子。事實是，「愛你的孩子」和「感受你的孩子」，是截然不同的兩件事。對健康的成長而言，光是愛孩子還不夠。一個可以感受孩子情緒的家長，也必須要能夠覺察自己的情緒、瞭解自己的情緒。他必須具備觀察力，能夠知道在孩子的成長過程中，有能力做些什麼、不能做些什麼。他必須願意、也有能力付出足夠的精力來眞正瞭解孩子。一個爲孩子著想的家長如果缺乏了上述這些條件，便有可能在情感上辜負自己的孩子。

要進一步瞭解「爲孩子著想但是缺乏自覺的父母」這種教養風格如何作用和反覆發生，讓我們最後一次以齊克作爲例子。

【案例31】

跟老師頂嘴的齊克（如果他的母親對情緒缺乏自覺）

齊克從學校走路回家，口袋裡放著老師的字條。他的母親正在看電視上的歌劇演出，聽見他回來便從客廳喊他：「嗨，齊克，今天在學校好嗎？」他走進客廳，有些焦慮地把字條遞給母親。母親要他稍等一下，直到廣告時間。他在那裡站了一會兒，手上拿著字條，接著就回到自己的房間去打電玩，把字條擱在自己的書桌上。

隔天，他母親把洗乾淨的衣物放進他的衣櫃時，發現了這張字條。當她讀完，突然覺得有點不安，但是她這麼想：「哇，蘿洛老師有點反應過度了吧！」接著她就把字條放下，將這件事情拋到腦後。

在這個例子當中，齊克的母親雖然是一個慈母，但是她沒有注意到生活中「感覺」的層面。她可能沒有注意到當齊克要把字條拿給她時，可能會有什麼樣的感覺，像是焦慮或惶恐。她不覺得有必要關心齊克在學校裡沒有禮貌的舉動，因爲她看不見行爲、情感和關係（就這個例子而言，這裡指的是齊克和蘿洛老師的關係）之間有什麼連結。她並沒有重視蘿洛老師的感覺，認爲那是「反應過度」。這些都是確切的徵兆，說明一個人對於情緒沒有覺察或是沒有連結，大部分時候只看到生活最外圍的部分。

我們在這本書裡談過的例子當中，許多父母除了自己本身的類型，也有可能會被歸納到這個類別。讓我們回頭看看我們已經討論過、可能被歸入這個類型的父母：

- 索菲亞、喬瑟夫和芮妮的權威型父母。許多權威型父母也是被同一類型的父母所帶大的，他們愛孩子，但是他們只知道權威型的教養方式。
- 薩曼莎和艾力的放縱型父母有一種錯誤的信念，認爲讓孩子爲所欲爲就是愛。
- 莎莉那悲傷的母親愛自己的孩子，也盡了全力來照顧他們，但是她不知道該怎麼觸碰孩子的感受，並且幫助孩子處理這些感受。很有可能她的父母從來就沒有教過她處理情緒的方法。

- 瑪歌憂鬱的雙親顯然愛著她，但是他們不瞭解自己對於瑪歌的教養缺少了什麼，因爲他們也沒有從自己的父母身上得到這些東西。
- 山姆的工作狂父母想要給他最好的生活，於是錯誤地認爲豐富的物質生活就能夠養育出一個快樂、適應良好的孩子。
- 提姆的成就與完美導向型父母以這種方式養育他，所以他也以這種方式來教養自己的孩子。

這些爲孩子著想的父母，很可能根本就不知道自己沒有爲孩子補充足夠的情感燃料。如果他們希望孩子在日後能夠過著快樂的生活、融入這個世界，這樣的燃料是必要的。然而他們所做的，只是將他們小時候所經歷過的一切再度複製到自己的孩子身上。

關於情感忽視，不幸的是，它會自行延續下去。在情感上受到忽視的孩子，長大以後會有情緒上的盲點，不管他們面對的是自己的情緒還是別人的情緒。當他們自己爲人父母，他們無法覺察孩子的情緒，而他們所養育的孩子也會發展出相同的盲點。事情就這樣一直延續下去。

在這本書裡，你還會看到更多爲孩子著想但是缺乏自覺的父母。當你讀到第二部分，看看你能不能辨認出來。

【第二部】

燃料已枯竭：成年後的行為特徵

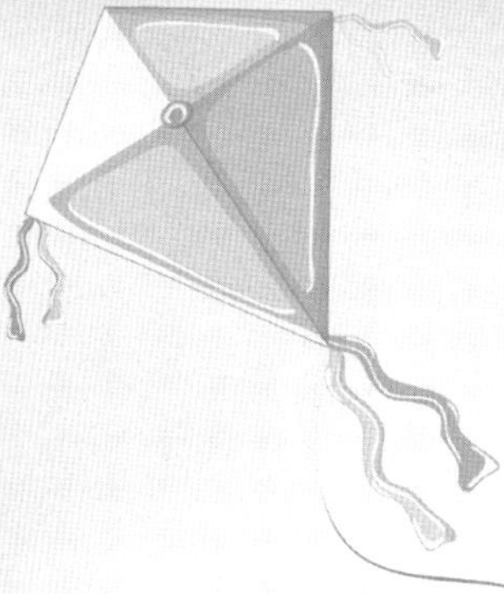

3

受情感忽視者的十種特質

如果我們把童年當成一棟房子的地基，那麼成年就是這棟房子。要用有缺陷的地基來打造一棟房子當然有可能，而且它的外觀看起來可能和擁有良好地基的房子一模一樣。不過如果地基有缺損、蓋得歪七扭八或是不夠堅固，它就沒有辦法爲房子提供足夠的力量和安全。或許那並不是什麼嚴重的缺陷，然而它卻會危害整棟房子的結構——只要一陣強風吹過，房子就會崩塌。

那些童年情感受到忽視的成年人在外觀上可能看起來很正常，但是他們對於自己地基裡頭的結構缺陷卻常常渾然不覺，對於童年對自己的一生有什麼影響也沒有概念。面對生命中的各種困境，他們經常責怪自己：爲什麼其他人看起來都比較快樂？爲什麼給予比接受還容易？爲什麼我覺得自己和所愛的人無法更親近？我的內心究竟缺少了什麼？

你可能會在接下來的章節中看見許多人，他們通常是聰明、討人喜歡、而且可愛的，但是他們卻緊抓著這些問題不放。他們樂於付出，卻無法接受別人的禮物。他們通常會小心翼翼地守護自己內心空虛這樣一個祕密，所以別人很難看出他們究竟有什麼匱乏。只有那些在生命中最親近他們的人，才可以瞧見一點蛛絲馬跡。

每個人的體驗都不一樣。這個世界上有六十億人口，沒有人的故事是一模一樣的。但是當我們在探討童年情感忽視的時候，我在以這種方式被扶養長大的成人身上，看到某些特定的主題一再出現。在這一章，我們會逐一討論這些主題，如下所示：

1. 空虛感
2. 反依賴

3. 不切實際的自我評價
4. 虧待自己，把同情心留給別人
5. 罪惡感與羞恥感
6. 針對自己的憤怒與自責
7. 極力想隱藏自己的眞實情感
8. 無力滋養自己和別人
9. 缺乏自我紀律
10. 述情障礙：無法覺察情緒或瞭解情緒

會體驗到這些感受，每個人都有自己獨特的原因，但是這些議題有著共同的連結。你將會聽見蘿拉的故事，幾年之間她遭遇了幾位朋友相繼自殺，然而她的父母卻沒有任何反應，這讓蘿拉相信自己也不應該有任何反應。我也會告訴你關於賈許的故事，他的母親忙著建立事業版圖，以致在他需要建立個人認同的時候，沒有空給他任何回饋，無論是正面還是負面回饋。在每個議題的最後，我會列出一些徵兆與信號，幫助你檢視自己是否符合這個分類。

但是在你繼續讀下去之前，我得先說明一件事。當你讀到這些徵兆與信號的時候，你可能會發現自己心裡在想：「唉呦，每個人都有一些像是這樣的特徵啊！」你或許說對了，每個人都會面臨一些這樣的特徵和挑戰。不過請你記住，我談論的對象是那些嚴重地糾結於這些問題的人，當他們在讀這本書時，會直覺地知道書裡面的某些內容，講述的就是他們自己的故事。

1. 空虛感

有些人來尋求心理治療，是因爲他們覺得內心很空虛。空虛感本身不像焦慮症或憂鬱症，它並不是一種身心失調的狀況，一般人也不覺得這是一種會干擾生活的症狀。它是一種概括性的不舒服。感到空虛的人，心裡面彷彿少了某種東西，時而出現、時而消失。有些人會在身體上感覺到它，好像腹部或胸口有個空洞。有些人對它的體驗則比較像是情感上的麻木。你可能會有一種約略的感覺，好像自己少了某些別人所擁有的東西，或者你就像是個局外人，從外面看著自己。有些事情就是不對勁，但是又無以名之。這讓你覺得有些分裂、疏離，彷彿你沒有如你應該的那樣享受生活。

大部分受到情感忽視的人，當他們因爲像是焦慮症、憂鬱症或是家庭問題前來尋求心理治療時，我發現他們最後都會以某種方式表達這樣的空虛感受。通常空虛感是日積月累的，並會在生命的過程中起伏不定。我們或許很難想像一個人爲什麼會有這種感受。答案就藏在童年時期父母對於孩子的情感回應中。

我們會探討一些造成空虛感的例子、空虛感如何表現，以及我們要如何解決這個問題。首先，讓我們來看一個與空虛感有關的普遍案例，這是由在情感上忽視孩子的父母所造成的。

［案例32］

感受不到自己情緒的「孤狼」賽門

賽門是個英俊的男人，第一次來進行心理治療是三十八歲。他主要的問題是他無法進入關係之中，即便有很多女性對他示好。賽門想知道自己究竟是哪裡出了問題，到底障礙在哪裡。其實只需看一眼，就可知道他的條件很好：他是成功的股票分析師，開著保時捷，在波士頓還有自己的公寓。他喜歡高空跳傘，另一個嗜好則是修復保時捷古董車，再把它們拿去賽車。難道是因爲他選擇伴侶的眼光太高了嗎？或是他恐懼做出承諾？在我們進行療程的過程中，著實花了好一些時間才讓眞實的賽門不再躲藏。

賽門出身於一個富裕的家庭，在一幢宏偉的豪宅裡長大，裡頭的一切大部分都是原木打造。他的父母經常到處旅行，把他和妹妹留在家裡給保母照料。他的妹妹有身體上的缺陷，所以需要很多照顧。當他的父母沒有旅遊而待在家裡時，會花大部分的精力照顧妹妹，而讓賽門獨立處理自己的問題。如果你還記得第二章的內容，或許你會發現賽門的父母綜合了兩種教養類型的特徵：第8型「必須照顧特殊需求家庭成員的父母」，以及第3型「放縱型父母」。

賽門的父母是眞的有些病態地把他丟在一邊不管。賽門通常想做什麼就做什麼，沒有限制，也沒有規範。身爲一個孩子，他經常花上許多時間自己一個人在樹林裡遛達。青少年時期，他開始喝很多酒、抽很多大麻。當他因爲在酒精和藥物的影響下開車而被警方抓到，他的父親有稍微關心了他一下，但是他的關心並沒有持續下去。

賽門和我分享他的回憶時，說他青少年時期經常自己一個人在屋子後面的樹林裡晃來晃去，一晃就是好幾個小時。他覺得很煩，不想回家，因爲對他來說，並沒有人會期待他回家。他可能會抽一點大麻，延遲返家的時間，一直等到天都黑了，依然想要盡量延遲踏進家門那種糟糕的感覺。他對於父母有著強烈的憤怒，他不瞭解、也無法說明爲什麼會這樣。此外，他覺得自己就要被孤獨感吞噬了。他絕望地渴望擁有一個女朋友——一個持續的伴侶來塡滿他內心的空虛。

在酒駕過後，因爲父親的注意力和關心，賽門重新回到正軌，從大學畢業，拿到經濟學學位。他搬到洛杉磯，在一間大公司工作了好幾年。他的事業成功，賺了很多錢，並且有一個交往對象，一切都很好，直到他的女朋友表示想要結婚。這個時候，他又開始覺得麻木和空虛，而且開始對洛杉磯感到厭倦。他驟然地與對方分手，把工作辭掉，接著就搬到波士頓。由於他的學歷不錯，在工作市場上炙手可熱，而且有能力要求一份好薪水，因此在波士頓，他沒花什麼力氣就幫自己找到一份新工作。

不過，就在建立新生活之後，他很快就發現過去那種不安的感受重新向他襲來。事情有些不對勁；他快樂不起來。這時，他開始嘗試高空跳傘和保時捷賽車，試著透過極限運動來對抗內心的空虛。每次他跳下飛機時所產生的腎上腺素，對他而言有著奇蹟般的療癒效果，但那只能維持一下子。每次跳完傘，在開車回家的路上，過去的感覺又開始滲透進來，那種麻木感和空虛感會讓他這麼想：如果跳下去時，降落傘的扣環卡住打不開，他就可以一了百了。他會想像自己死了，想像著這能夠爲自己帶來多大的解脫。事實上，過去幾年來，這種想法一直在他腦海裡斷斷續續地出現。

賽門想要結束自己的生命並不是因爲感受多到無法負荷，而是因爲他一點感覺也沒有。他無法進入關係之中是因爲他感到相當空虛，無法給予或是接受。他在這個世界上不安地尋找意義。如果工作、公寓、車子和朋友沒有辦法給他意義，他就會把這些東西都拋掉。他想要那些其他人看起來輕而易舉就能獲得、然而對他而言卻是虛無縹緲的東西——也就是與其他人在情感上的連結。

在療程當中，我和賽門把焦點放在情感上頭。當他訴說自己的生命故事，我通常都會打斷他，問他：「在那個時候你有什麼感覺？」或是，「現在提起這件事，你有什麼感覺？」一開始，賽門覺得我的問題很煩，他覺得這些問題是種干擾、是不相干的岔題，會把我們帶往錯誤的方向，讓他無法好好地說明自己故事的重點。

不過在我們這樣進行了兩年以後，他的頭腦開始漸漸地向情緒的世界敞開。在嘗試回答我的問題時，他慢慢地可以把注意力導向內在，注意自己的內在經驗，並且用語言來表述他的情感。有趣的是，當賽門變得更具有感受性，他和約會對象在性生活方面突然產生了問題。當他變得比較能夠在情緒上與女朋友連結，他反而沒有辦法與她進入性行爲，這樣的性無能變成是一個嚴重的壓力來源。接著，療程的第二部分就是要幫助他瞭解，就實際的情況來說，他被父母養育成了一匹孤狼。在情感當中，他與情感的切割是如此完全，所以只要想到要把情感上的親密和肉體上的親近混爲一談，就把他嚇壞了，彷彿如臨大敵。我們大部分的人都知道爲性而性很容易，但是如果爲愛而性呢？嗯，這就比較嚇人了。對賽門來說，當性行爲開始有了意義，而他在情感上也產生了依附，這就超過他的負荷能力了。他的身體逕自爲他處理了這個問題，方法就是關閉他的性能力。

不過多虧他自己堅持不懈，經過療程的一番努力，最後他終於在自己的內心找到一點安適。他後來又交了三個女朋友，最後終於找到一個可以讓他在情感上感到安全的對象，因而能夠與對方享受眞正的親密關係。

你可能會覺得奇怪，賽門的空虛感、麻木感和他的關係議題，這三者之間究竟有什麼關聯呢？它們都是某個核心問題所造成的副作用：童年情感忽視。賽門成長的那些年來總是因爲獨自一人而感到寂寞，父母和他之間沒有什麼情感交流。讓一個孩子可以與父母、與其他人、與這個世界連結起來的情感要素，在他的生命中並不存在，於是他在情感的眞空中長大成人。他試著要用朋友、大麻和派對來「塡滿自己」，他的女朋友一個換過一個，希望對方可以塡滿自己內心的空虛，讓自己找到人與人之間的連結。然而這些作法沒有一個有效，到最後，透過心理治療，他才有辦法從自己的內在找到答案，而不是往外尋求。他必須學習什麼是情感，接受自己擁有情感這件事，並且允許自己去感受它們，這樣才能體驗到生命的本質、豐富和意義。只有在他了知生命的本質、豐富和意義之後，他才有能力進入一段關係之中。

生命的燃料就是情感。如果我們在童年時沒有加滿這種燃料，就必須在成年時期幫自己進行補給，不然的話，我們就會發現自己過著空虛的人生。

當然，就空虛感這個議題來說，賽門是一個相當極端的例子。許多遭受童年情感忽視的成年人也會感到空虛，但是並沒有那麼嚴重，也沒有因爲這個問題而感到那麼苦惱。不過我發現，即使是最輕微的空虛感，也會妨礙一個人投入生活和享受生活的能力。最嚴重的空虛感則是會讓人開始考慮、甚至是採取行動來了結自己的生命。

「空虛感」的徵兆與信號：

- 有時，你會覺得身體裡面有個空洞。
- 你沒有感覺。
- 你會質疑生命的意義。
- 你有自殺的念頭，但是卻不知道此念頭從何而來。
- 你不斷追求可以讓你渾身震顫的感受。
- 你覺得自己和其他人有些難以形容的差異。
- 你常常覺得自己就像是個局外人，從外面看著自己。

如果你覺得自己符合上面其中幾個敘述，這件事情就變得很重要：你必須考慮自己在過去曾經遭受童年情感忽視的可能性。不過，請先不要絕望，只要你可以找出自己身上有哪些童年情感忽視的症狀，你就可以修正並對抗它所產生的影響。

2. 反依賴

每個人都知道什麼是「依賴」。《韋氏大字典》對它的定義是：「被他人決定或是制約；仰賴他人的支持。」反之，「獨立」就解釋為：「沒有被他人決定或是制約；不需要仰賴他人的支持。」然而，很少人知道什麼是「反依賴」（counter-dependence）。這不是一個常見的詞彙，也不是大家所熟悉的概念。事實上，會使用這個詞彙的大多是心理健康專業人士。「反依賴」指的是一種不需要別人，或者更準確地說，害怕依賴別人的心理驅力。反依賴的人極力避免向別人尋求幫助，不希望表現出或是感覺到自己對別人有所需求。他們會盡一切努力不要依賴別人，即便他們必須為此承擔某些後果。下面是一個個案，說明了受到童年情感忽視的孩子在長大以後，會如何變得反依賴。

［案例33］

缺乏情感連結的大衛

當大衛第一次為了心理治療來見我，他大約四十歲出頭，是個成功的生意人，與太太育有三個孩子。他非常會打理財務，現在三個孩子都剛成年，即將離家，他則因長期的憂鬱症前來尋求協助。一開始，大衛跟我說他的童年很快樂，無憂無慮。但是當他繼續訴說他的故事，事情開始變得清楚不過：他的童年缺乏了某個相當關鍵的東西，而這個缺憾對他造成了重大的影響。

大衛是他們家七個孩子當中年紀最小的。他是一個意外，比年紀最小的哥哥晚了九年才出生。大衛出生的時候，他母親四十七歲，父親五十二歲。大衛的雙親是善良、工作勤奮的人，總是爲孩子著想。大衛知道父母愛他，但是在他出生的時候，他們對於養育小孩已經感到厭倦，所以就實際狀況來說，大衛在成長的過程中，經常都是自己照顧自己。他的父母並沒有主動看過大衛的成績單（成績都是A），他也沒有把成績單拿給父母看。如果他在學校惹了麻煩，他也不會告訴父母；他知道自己必須把這些事情處理好。大衛放學以後有完全的自由，想做什麼就做什麼，他的父母很少會問他在哪裡。他們知道他是個好孩子，所以不太擔心。

即使大衛很享受這種沒有規則和限制、無拘無束的自由，在成長的過程中，他的內心卻有著深刻的孤獨感。在他的自由當中，「不要問，不要說」這樣的訊息深植在他的內心。他很小就明白一件事，亦即，他的成就，還有他的失敗、困難或需求，都不是拿來和別人分享的。即使他不記得父母是不是眞的這樣對他說過，但他把這樣的訊息吸收到身體的每一根纖維當中，對他而言，這就是人生。這成爲了他自我認同的一部分。

長大成人以後，大衛有著收斂情感和自我壓抑的特質。其他人經常說他有些冷淡，他的太太在與他結婚十五年後，依然對這件事感到無計可施，她覺得大衛沒辦法在情感上與她連結。他經常對她表達愛意，卻很少對她表露情緒，無論是正面的或是負面的。她說大衛賺錢養家不遺餘力，但是在描述他們的關係時，卻說他們的關係非常空虛，而且毫無意義。大衛說自己的內心很空虛，他還透露，這個世界上唯一可以觸動他的情緒的人，就是他正值青春期的女兒，因此他有時候會因爲女兒對自己而言變得太過重要而討厭她。大衛的腦海裡盤繞著想要死亡的願望，而他無法瞭解這究竟是怎麼一回事，因爲他的生活相當美滿。他一直幻想著自己可以逃跑，跑到某個遺世獨立的熱帶小島，自己一個人過活。

大衛的童年所缺少的那個要素，就是情感連結，他的家人對待情感的方式就好像它不存在一樣。大衛和他的父母沒有什麼互動——沒有正面的互動，也沒有什麼嚴重的負面衝突。當父母看到他的成績單，眼裡沒有一絲喜悅，或是當他太晚回家，他們也不會表現出焦慮的樣子。大衛和父母的關係，一言以蔽之就是「友善」。

大衛的父母在無意之中傳達了一個訊息，並且不管是他們自己或是大衛，都沒有察覺到這樣的訊息：「永遠不要有感覺，不要表現出感覺，也不要想從任何人那裡欲求任何東西。」要完成這樣的指令，他所能想到最好的方法，就是幻想自己死掉或是逃到某個熱帶小島。大衛是個好孩子，他確實地把這些教訓謹記在心。

「反依賴」的徵兆與信號：

- 你有憂鬱的感覺，但是不知道爲什麼。
- 一直以來，你都有一種想要逃走或是一死了之的莫名願望。
- 即便你的童年很快樂，但是你記得自己在童年時期總是感到寂寞。
- 其他人說你有點冷漠。

- 你愛的人說你在情感上有很強的距離感。
- 你喜歡自己一個人做自己的事。
- 你很難向外尋求幫助。
- 你在比較親近的關係裡會感到不自在。

如果你對於其中一些徵兆能夠感同身受，那麼你的童年時期可能有過在情感上受到忽視的體驗。讓我們繼續讀下去。

3. 不切實際的自我評價

如果有人要你描述自己，你會怎麼回答？你會用哪些字眼來形容自己？正面的說法和反面的說法之間的比例如何？最重要的是，你的描述會有多精準？在馬修．馬凱（Matthew McKay）和派翠克．凡寧（Patrick Fanning）所著的《自尊心的改造訓練》（*Self-Esteem*）一書中，有個練習就是要讀者檢視一下他們的自我概念。這個練習要求讀者在幾個不同的領域中列出自己的優點和缺點，像是外貌、人格、人際關係和聰明才智。馬凱和凡寧指出，低自尊的人通常傾向於以一種負面的態度來看待自己，他們會把自己的缺點放大，並且看輕自己的優點。

許多受到童年情感忽視的人，確實擁有比較低的自尊心。那些在兒時受到情感忽視的成人，一般來說，對於自己的自我形象也有著不太正確的認知。所謂不正確並不一定意味著負面的認知，而是「偏離了事實」。

我們在童年和青春期發展出了自我概念。當我們在鋼琴演奏之後看見父母臉上的驕傲神情，這意味著我們表現得很好，這會讓我們繼續追求進步。當父母在小聯盟比賽之後對孩子說：「今天接球接得不錯，讓我們來練練打擊吧！」這樣的回饋能讓孩子知道自己的優點和缺點在哪裡。

身爲小孩，我們就像是小小的電腦，必須從環境中得到反饋，在記憶中儲存它們，最後整合各種反饋，從而發展出一種與我們的長處、天賦、不足及弱點有關的整體概念。我們會從老師、教練和同儕身上獲得這些資料，不過最重要且有著最強大影響力的資料是來自於我們的父母。如果這個過程一切順利，孩子就會獲得均衡、實際的自我評價，這即是自尊的基石。這樣的自我評價是生命中各種重要選擇的跳板，比如說，我們要爲了什麼樣的目標而努力、要發展什麼樣的技能、要申請哪所大學、要主修什麼科目、要選擇什麼樣的伴侶、還有要做什麼樣的工作。舉例來說，一個沒有申請上醫學院的人可以這樣告訴自己：「我的科學成績不像我的數學那麼好。如果我想成爲醫生，我必須再努力一點，繼續試試看。」另一個對自己沒有那麼明確自我感受的人可能會覺得大受打擊，認爲自己有所不足，於是就放棄了。

［案例34］

未曾從父母那裡得到自我認同的賈許

賈許在四十六歲時應女朋友的要求來到我的診間。他是一名離婚的父親，有兩個兒子，分別是十二歲和十歲。賈許之前也做過好幾年的心理治療，但是他認爲沒什麼幫助。他覺得自己被困住了，不管是在生活上還是在療程裡都一樣。私底下，他一直因爲自己無法融入周遭的環境而感到十分困擾。在各種場合中，他形容自己就像是「一支被打進圓洞裡的方形木樁」。他從孩提時期就有這種感覺。當我逐漸瞭解賈許，我開始慢慢理解這是怎麼一回事。

賈許出生在康乃狄克州一個富裕的小鎮。他是家裡的獨子，兩歲的時候，他的父親離開母親，從那之後，賈許就很少見到父親。他的母親後來都沒有再婚，並在當地學校擔任某個學院的院長。療程一開始，賈許說他的母親對他相當溺愛，但是當我們開始進入得更深一點，情況變得很清楚：她的「溺愛」是屬於物質上的那一種。她在他身上花錢絕不手軟，只要他想要，她就會買給他。事實上，在賈許成長的過程中，她把高度的注意力都放在自己的工作上，工作的時間很長。他說自己在童年時期經常獨自一人，整天做白日夢。下課以後，他會和他的狗狗們（也是他眞正的好朋友），一起在鄉下家裡附近的樹林裡閒晃。這些狗兒在他空閒的時候娛樂他，讓他不會覺得那麼孤單。他的母親沒有鼓勵他邀請朋友到家裡玩，對於這個孩子可以自我娛樂而沒有對她提出什麼要求感到相當驚訝。她並不是不關心孩子，只是這樣一來，她就可以把全部的心力都投入到工作中。

中學的時候，賈許開始遇到一些麻煩，在學校裡受到同學霸凌。同學因爲他的書卷氣給他取了「白癡」這個綽號，他用盡各種方法想要解決這件事，卻只是徒然地又爲自己招惹了「低能兒」這樣的外號。他的母親並沒有陪伴他一起解決這個問題，或是陪著他度過那些痛苦，而是斷然地把他從那個學校帶走，讓他轉學到當地一家私立貴族學校。不意外地，賈許在那裡更不開心了。因爲之前被霸凌，他對自己失去了信心，他無法將「白癡」、「低能兒」這樣的綽號從他的腦海中驅逐出去。

後來賈許又遇上與同學有關的問題，母親幫他轉了兩次學，以這種方式讓他逃避困難的情況，而不是學著去面對或是處理。因此他沒有機會解決任何問題，勇敢地對抗霸凌者，或是去感覺自己的控制力和力量。

到了申請大學的時候，賈許的母親堅持要他申請她所任職的大學。當他拒絕時，她就再也不理會他申請學校的事，任由他自生自滅。他靠自己申請上一所好學校，畢業時拿到英文系的學位，只不過他去讀英文系只是因爲他喜歡閱讀而已。

這裡有個必須注意的重點：在賈許成長的過程中，他的母親不太清楚他的優點和缺點，像是他對動物的愛、他在戶外的能耐，以及他經常喜歡自己獨處而不喜歡和別的孩子一起玩這樣的天性。她和賈許沒有情感上的連結，她沒有把注意力放在賈許身上，或是把他當成一個獨特和獨立的個人，而且她也沒有適當地回應賈許的情感。賈許不知道自己在母親眼裡究竟是什麼樣子，因此他對於自己的能力、挑戰、實際的自我評價或是自我認同，都沒有適當的認識。當賈許要上大學的時候，他發現自己缺乏一個選擇的基礎，他不知道自己要主修什麼、或是將來想要從事什麼工作。

儘管他有個英文學位，當我遇見他的時候，他有點大材小用，在一家建築材料公司擔任送貨的卡車司機。他覺得自己和同事相處的時候不太自在，因爲這份工作眞的不太適合他。他也覺得這個工作非常累人，而且有點無聊。在快要四十歲時，賈許拿到碩士學位。有兩年的時間，他試著在高中教英文。但是之後他就完全放棄了教學生涯，因爲家長和校方都批評他，認爲他並未具備在課堂上管教學生的能力。

賈許來到這裡，其中一個主要的抱怨就是他無法選擇職業並全然地投入其中。他搞不清楚自己究竟喜歡什麼、擅長什麼、或是適合什麼樣的環境。他的自尊顯然有點低落，而且他的自我認同相當脆弱、發育不良。

從表面上來看，賈許的母親愛他，但是她並沒有眞正「看見」自己的孩子。她在進行與賈許相關的教育決策時，並不是基於孩子的本性或是孩子的需求，而是根據「她」是誰，還有「她」的需求來做考量。賈許沒有什麼機會透過父母的眼睛來感受自己眞正的特質。

成年以後，賈許的自我認同失去了平衡。由於缺乏來自父母的注意力和意見，他的自我認同並沒有完全獲得發展，僅僅是來自於自己對自己的一些觀察。他說自己是一個「獨行俠」、「夢想家」、「很會考試」、「沒有方向」。他的自我評價有些泛泛、有些孩子氣，缺乏了健康成年人在看待自己時的那種複雜度和細膩度。他對自己的看法嚴重地向負面的角度偏斜，無法爲他提供一個堅實的基礎，讓他可以憑藉著這個基礎爲自己的職業生涯做出決定。在他自己所選擇、所追求的教學工作當中，他也無法在遭受批評時想辦法維持自己的自尊；相反地，一旦遭遇負面意見，他很快就退縮，接著就放棄了。

「不切實際的自我評價」的徵兆與信號：

- 你不知道自己有什麼天賦。
- 你覺得自己經常放大自己的缺點。
- 你不知道自己對什麼事情感興趣。
- 當事情開始出現挑戰時，你很快就選擇放棄。
- 你選擇了錯誤的職業，或是一直換工作。
- 你經常覺得自己像是「卡在圓洞裡的方形木樁」般格格不入。
- 你不知道父母對自己有什麼看法。

4. 虧待自己，把同情心留給別人

同情心是一種最高形式的人類情感，它把我們連結在一起，造就了我們的人際關係和社會關係。同情心會讓我們想要捐款給慈善事業；它會讓我們對人厚道，也可以幫助我們療癒生命中的創傷。它是友誼的凝聚力，讓我們可以原諒那些辜負我們的人。

同情心有兩種，一種是我們對別人的同情心，一種是我們對自己的同情心。童年情感被忽視的人，對別人有很多同情心，對自己卻不然。他們對於別人的弱點和缺陷非常寬容，至少表面上看起來是這樣。其他人會覺得他們很好說話，因爲他們看起來不太有批判性，而且接受度很高。不過當他們講到自己的時候，卻可能以一種完美主義的角度來批判自己。他們可能會因爲自己身上的一個小缺點而對自己感到生氣，不過如果這個缺點是在別人身上，他們則會表現得很寬容。

【案例35】永遠覺得自己不夠完美的諾艾兒

諾艾兒是個三十八歲的母親，育有一名幼兒。她的教育程度很好，擁有兩個長春藤大學的高等學位。在成爲母親之前，她從事某個可以快速致富的工作，大家都認爲她相當成功。當我開始和諾艾兒就她的焦慮症進行治療時，她剛被公司裁員，整個人看起來有些狼狽。我可以看得出來，對諾艾兒來說，雖然生活中發生了很多事，但是她的內心卻有著完全不一樣的感受。事實上，諾艾兒的腦袋裡彷彿有個反覆播放的錄音帶：「你是怎麼了，連車都停不好？」「聰明如你，竟是那麼邋遢的母親！」「你眞是個白癡！」諸如此類。每個小小的錯誤都會帶來連續不斷的內在批判，而她從來不會這樣批判朋友或是任何人。爲什麼諾艾兒會在同情心這件事情上有如此偏頗的雙重標準呢？其根源就是她所遭受的童年情感忽視。

諾艾兒是獨生女，父母在她六歲時離異。他的父親是個酒鬼，經常會對母親施暴。諾艾兒記得在父母離婚之前，曾經好幾次聽到大聲又嚇人的爭吵。諾艾兒的母親是個社工，很疼愛自己的女兒，也知道自己的女兒非常聰明，常常對諾艾兒或是其他人表現出她身爲母親的驕傲。在成長的過程中，諾艾兒知道自己很聰明，她有信心可以申請一流的學校，而且最後的確也擁有完美的職業生涯。所以，究竟是哪裡出了錯？

就在父母離婚後不久，諾艾兒的母親再婚了。沒多久，這個男士就搬進門和她們一起住。雖然諾艾兒的母親很愛她，但她自己過往有著嚴重的童年創傷，而且會傷害自己。離婚以後，她認爲自己這輩子終於獲得機會可以花點時間來療癒自己、成爲自己。她全然地投入自己新的獨立生活和情感關係中，以致越來越少關注她年幼的女兒。這使得諾艾兒必須自己處理在遭逢人生巨變之後，難過的情緒、她母親的新婚姻、以及失去父親這件事。由於諾艾兒的母親對女兒的困境缺乏同情心，導致諾艾兒對自己也沒有同情心。

因爲生活中少了父母的參與和互動，諾艾兒成了自己的父母。每天早上，她會微波冷凍雞肉三明治當作早餐，下午放學後回到空蕩蕩的家，她就一個人坐著看電視。

諾艾兒知道自己非常聰明，於是她沉浸在自己的聰明裡頭，彷彿那是個溫暖的繭，讓她可以躲在裡面滋養自己的靈魂。因此，她無法忍受自己犯任何錯誤，因爲那會擾亂她的安全感。她要求自己每一科都要拿A，並且因爲少數幾個拿到B的科目，讓她對自己相當失望。她的生命中沒有任何成人可以幫她檢視這些錯誤，協助她瞭解這些錯誤如何發生，或者對她的失望表示同情。所以，她沒有學會自己處理這些問題，相反地，她嚴厲的「內在父母」採取了一種相當簡單的手段，那就是要她把每件事都一絲不苟地做好，不然就等著承受苦果。最後，由於她對自己感到既失望又憤怒，導致自己動彈不得。

當諾艾兒忙著教養自己的時候，其他有獲得父母情感滋養的孩子則正在學著如何原諒自己。當他們帶著糟糕的成績單回家，他們的父母會試著找出成績不好的原因，和他們談談下次可以怎麼改進，並且告訴孩子每個人偶爾都會犯錯、失敗。這就是健康的孩子如何學著讓自己振作起來、原諒自己，並且從錯誤中獲得新的瞭解和教訓，接著把這些錯誤拋掉，繼續在人生的道路上前進。在我和諾艾兒工作時，其中一個重點就是幫助她以一個成年人的角度，學著自己做到這些。

「虧待自己，把同情心留給別人」的徵兆與信號：

- 其他人通常會找你出去談論他們的問題。
- 其他人通常會說你是個很棒的傾聽者。
- 你無法忍受自己的錯誤。
- 你的腦海裡有個批評的聲音，不斷指出你的錯誤和缺點。
- 你對自己比對別人要嚴苛許多。
- 你經常生自己的氣。

5. 罪惡感與羞恥感

就像你在本書的案例中所看到的，受到童年情感忽視的成年人可能會有完美主義的傾向，並且對自己相當嚴格。對許多人來說，事情並不是這樣就結束了。當孩子從父母那裡接收到一種訊息，亦即他們的情感是一種負擔、累贅、甚至是錯誤，他們通常會因爲自己擁有感覺而產生罪惡感或羞恥感。他們會努力掩飾自己的感受，或是根本不要去感覺。

許多童年情感被忽視的成年人並沒有遭到家暴，所以當他們回憶童年，都認爲自己相當幸福、無憂無慮。關於自己的問題，他們無法從童年找到任何原因，所以他們只好怪罪自己。通常，他們在成長的過程中擁有大量的自由，就像案例33的大衛和案例34的賈許。當他們還是孩子的時候，就已經開始學著爲自己負責，所以成年以後，他們也覺得必須爲自己的不完美負責。

當一個孩子的情緒沒有被父母看見或是受到認同，長大以後他可能就無法發展出認同自己情緒的能力。身爲成人，他可能無法容忍強烈的感受，或是任何感受。他可能會壓抑自己的情感，並且因爲生氣、難過、焦慮、挫折、甚至是高興而怪罪自己。人類自然而然的情感體驗，對他們來說變成了祕密羞恥感的來源：「我到底有什麼毛病？」遭受情感忽視的人，經常會問自己這樣的問題。

如果一個人被困在快樂的童年和難以言喻的情緒之間，他只能假設，或許自己的生命中缺少了某個重要的東西。

［案例36］

認為如實表達情緒是軟弱表現的蘿拉

蘿拉十四歲的時候，有天下課，她趕忙衝回家，急切又絕望地想要跟母親說說話。她在學校裡聽說她好朋友莎莉的哥哥，十六歲的陶德，昨天晚上自殺了。蘿拉一直暗戀陶德。陶德對自己的妹妹和妹妹的朋友都很友善，經常會跟她們鬧著玩，還會開車帶她們去踢足球。蘿拉的心裡湧現一陣驚訝、困惑、悲傷和不知名的情緒漩渦，讓她有點招架不住。

當蘿拉從學校回到家，她立刻就跑去找母親，而她母親已經知道這個消息。她的母親給了她一個擁抱，跟她說：「對於這件事情，我一點也不意外。我想他是嗑藥嗑太多了。」她們之間的對話就這麼結束，後來她們再也沒有談過這個話題。蘿拉的母親甚至沒有問問她有什麼感覺，所以蘿拉也沒有問自己這個問題；相反地，她把自己的感覺壓抑下去，並試著不要再去想這件事。在接下來的幾個星期（這段期間，她和幾個朋友參加了陶德的喪禮，她的父母則沒有出席），她把注意力放在朋友、學校和足球上面，但是極力逃避和莎莉相處。看到莎莉，會讓蘿拉有一種很糟糕的感覺。此外，蘿拉發現自己有時會「沒有任何理由」就哭了起來，而且是在一些奇怪的時間點，像是數學課或是洗澡的時候。

當蘿拉即將從高中畢業時，學校裡有另外兩個她認識的人也自殺了。她面對這些失落的方式就和之前一樣，只不過她沒有再找母親聊這些事。她出於義務而和朋友們參加了喪禮，卻沒有對任何人坦承自己感到多麼的不安、困惑和驚嚇，包括對她自己。

蘿拉在學校沒有辦法專心學習，經常在家裡亂發脾氣，結果，她對於課業越來越力不從心。她的父母在面對她時感到非常挫折，經常問她：「你到底怎麼了？」不過他們也只是問問，並不是眞的想知道答案。蘿拉開始覺得自己很軟弱、很愚笨、而且叛逆。她不禁想著，自己究竟有什麼毛病。這樣的自我觀點一直延續到成年時期。通常，蘿拉覺得自己在情感上有點麻木。這是因爲她曾經成功地切斷了自己與感覺的連結，這樣自己就不會被感覺所打擾。不過，每次只要她感覺到任何強烈的情緒，她就會覺得自己很軟弱、很丟臉。三十二歲時，她在一次療程當中告訴我：「我有著很棒、倍受寵愛的童年，但我總覺得自己爲什麼不死掉算了。我變得這麼憂鬱，卻找不到理由解釋何以會如此。一定是我這個人有什麼嚴重的問題。」

對蘿拉來說，擁有感覺這件事情相當丟臉，而且是一個錯誤。她把自己的感覺當成是一種累贅，因爲她的父母在無意間傳達了這樣的訊息：她不應該有感覺，並且如果她有感覺，再怎麼樣也不應該把它們表現出來，即使是對自己也一樣。蘿拉的情緒成了她無法說出口的丟臉東西。

「罪惡感與羞恥感」的徵兆與信號：

- 你有時會毫無緣由地覺得憂鬱、難過或憤怒。
- 你有時會覺得情感有些麻木。
- 你覺得自己一定是有什麼毛病。
- 你覺得自己和其他人不太一樣。

- 你習慣壓抑感覺或是逃避感覺。
- 你試著隱藏自己的感覺，不讓其他人看到。
- 你常常覺得自己不如人。
- 你覺得生活不開心，而這件事只能怪自己。

6. 針對自己的憤怒與自責

如果一個人對於自己人性之中的情感感到深深的羞恥，那麼他將很難不對自己生氣。如果羞恥感再進一步發展，就會變成對自己的憤怒。讓我們繼續看蘿拉的故事。

[案例37]

將所有感受深埋心底的蘿拉

在青少年時期以及整個成年時期，蘿拉的腦子裡充滿了自我毀滅的感覺和幻想。上大學時，在她與男友分手以後，她因爲用藥過量而在醫院待了一段時間。後來，以及接下來的人生，她都會買六罐裝的啤酒回到公寓，自己一個人喝悶酒。她喝得越多，就有越多感覺從心底湧現。她會開始大哭，淚流不止，最後又因爲哭泣而討厭自己，對自己充滿了強烈的厭惡感。她會用刀子割自己的肚子，這件事很奇怪地能爲她帶來慰藉，而且可以讓她睡著。隔天起床，她會覺得好過一點，彷彿自己藉由這樣的行爲獲得某種淨化。

每一天，蘿拉就這樣麻木地過日子，完全切斷了自己的情感，以致無法覺知到任何情緒。她並沒有「眞正感覺」到自己的憤怒、難過或悲傷，這能保護她免於經常性的軟弱情緒和丟臉的感覺。不過這些感覺就埋藏在她心底，就像是火山裡的岩漿。啤酒讓她可以把一些岩漿噴發出來，她會覺得自己很丟臉，但同時又具有淨化的作用。

對蘿拉來說，用藥過量和用刀子割傷自己都是對自己生氣的表現。在內心深處，蘿拉痛恨自己，不過她討厭自己並不是因爲任何眞實的情感，還是因爲什麼弱點或缺陷，而是因爲她覺得難過和受傷，但是卻找不到任何理由。在她的心裡，她覺得自己殘破不堪，對此，她沒有任何可讓自己開脫的藉口。

「針對自己的憤怒與責備」的徵兆與信號：

- 你很容易而且經常對自己感到很生氣。
- 你會喝酒或是嗑藥來釋放一下。
- 你對自己常常有種厭惡的感覺。
- 你曾經試圖自我毀滅或是有這樣的傾向。

● 你責怪自己快樂不起來或是沒有辦法變得比較「正常」。

7. 極力想隱藏眞實情感

大部分遭受童年情感忽視的成年人都有一個共同特徵，那就是他們心裡有一個祕密的、受到嚴格保護的感受——他們認爲自己和別人不太一樣，或者是有某些缺陷。就像你在前面讀到的，蘿拉認爲擁有感覺是一件相當可恥的事情，這讓她覺得自己既脆弱又殘破。當一個人心裡深深地覺得自己某個地方出了毛病，便會自然而然地試著將這種感覺合理化，或是爲自己找個理由。每個遭受童年情感忽視的人，對於「究竟我哪裡有毛病？」這個問題都有自己獨特的解釋，其根據就是他們的童年回憶或是家庭情況。

有一次，我將八位受到童年情感忽視的女性安排在同一個治療小組，希望她們可以互相幫助對方，去看清自己的父母如何以一種微妙的方式在情感上忽視了自己，並且就是這種忽視造成了她們目前的困境。一年以後，她們爲某種將她們與這個小組連結的共同特色取了個名字，稱之爲「致命的缺陷」。

致命的缺陷並不是某種具體的缺陷，而是一種「眞實的情感」。那是受到童年情感忽視的成年人，深埋在內心裡的一種自我信念，因爲這個信念，他們覺得自己和其他人不一樣，覺得自己無法融入這個世界，或是不被別人所接受。他們把這樣的感覺放在心裡，用盡各種方式把它隱藏起來。致命的缺陷就像是一個膠囊，裡頭是受傷的內在小孩試圖想要找到答案的聲聲呼喊：「究竟我哪裡有毛病？」

受到童年情感忽視的人經常覺得他們必須把眞實的自我隱藏起來，因爲如果別人靠得太近，他們的缺陷就會暴露出來。對於某個人來說，他的缺陷可能是認爲自己一點價值也沒有。對於蘿拉來說，那是一種祕密的羞恥感，她認爲自己因爲有感覺而成爲軟弱的人。對於諾艾兒而言，她的致命缺陷就是認爲自己很笨。每個受到童年情感忽視的人都有自己的致命缺陷。接著讓我們來看看凱莉的故事。

【案例38】害怕將真實的自己展現出來的凱莉

凱莉是家中三個孩子裡的老么，有個大她六歲的哥哥和大她四歲的姊姊，父親是柴油引擎技工，母親是家庭主婦。她說她的父母只有高中學歷，兩個人都喜歡待在家裡，意思就是他們一點也不愛冒險、不好奇、或是對這個世界有什麼特別的興趣。他們是善良單純的人，腦袋裡想的只有好好工作，把孩子養大。他們沒有把世界想得太複雜，當然也不會去思考他們自己或是自己的孩子對這個世界有什麼樣的感覺。

凱莉的母親無視於凱莉和姊姊之間相差了四歲，對她們有著同樣的要求。她把兩個人打扮得差不多，給她們剪了同款髮型；她們有著同樣的就寢時間、同樣多的自由，母親還要求她們做什麼事情都要在一起。凱莉的姊姊覺得這很不公平，因此很討厭凱莉，因爲她擾亂了自己生活的每個面向。她們的母親並沒有把這對姊妹視爲獨立的個體，或是讓她們覺得如此。母親對待她們的方式，就好像她們是一個人的不同部分。凱莉在成長過程中充滿了困惑，不明白姊姊爲什麼這麼討厭她，但還是拚命地想要討姊姊歡心。然而不管她怎麼做，姊姊就是不理她。對於這種情況，她想到一個簡單且孩子氣的解釋：「我就是不討人喜歡。」

當凱莉上了中學（成年以後她才發現自己有過動症和學習障礙），開始在學習上出現問題，但她的父母並沒有察覺。她拿了成績單回家，上面都是C和D，媽媽的反應是：「好吧，沒關係，但是你可以再努力一點。」從這樣的反應，凱莉認爲媽媽對自己沒有太多期待，因爲就智商來講，她也沒什麼好努力的。由於媽媽沒有進一步與她討論課業的事、或是對她表達更高的期望，因此，她對自己產生了兩個看法：她不討人喜歡，而且她很笨。

當凱莉遇到一般的中學生都會遭遇的交友問題時，她也把這種簡單的因果關係套用在上面。她在面對類似的事件時，都會這樣解釋：「如果大家開始瞭解我，他們就不會喜歡我了。」在她的生命中，每次和男朋友分手，或是在社交上遇到什麼難題，這就是她的解釋。

當我遇見凱莉時，她大概三十五歲左右。她發展出一種迴避型的社交傾向，很少主動與人交際，並且覺得自己不管怎樣都會被拒絕。凱莉讓我在治療過程中使盡了渾身解數，因爲她很少會自發性地提供與自己有關的訊息。她對於閒聊相當在行，但是要她深入地講一些與自己生活有關的事情就變得非常困難。也因爲她逃避談論比較具體的東西，因而讓別人覺得跟她在一起並不有趣。

凱莉覺得自己沒有朋友，相當寂寞，這是因爲她沒有提供足夠的訊息來與別人產生有意義的連結，於是她的友誼或關係經常缺乏繼續下去的動力。她說她想要結婚、生小孩，但是只要對方和她之間遇到什麼問題，她就會立刻放棄這段戀情，因爲她假設對方和其他人一樣，因爲認識她，所以不喜歡她。在內心深處，她藏著一個沒有與任何人分享過的祕密，小心翼翼地不讓人知道，但是這個祕密卻主宰著她的生命：「如果人們眞的瞭解我，他們就不會喜歡我了。」這就是她的致命缺陷。

「極力想隱藏自己的真實情感」的徵兆與信號：

- 你害怕與人親近。
- 即使是對最好的朋友也沒辦法敞開心房。
- 你認爲自己不管在哪裡都會遭到別人拒絕。
- 你避免主動與人交朋友。
- 你很難讓一段對話繼續下去。
- 你覺得如果別人太親近你，他們就會不喜歡你。

8. 無力滋養自己和別人

要說明什麼是「滋養」，或許最好的說法是把它看成愛、關懷和幫助的組合。那些在情感上沒有獲得滋養的孩子，長大以後可能會覺得要在情感上滋養其他人相當困難。如果你還記得案例33的大衛，因爲他是家中七個孩子裡面最小的，在童年時期受到父母忽視，以致長大後沒有辦法與其他人建立情感上的連結。讓我們再進一步討論他的案例。

〔案例39〕無法對人表達情感和愛的大衛

如之前提過的，大衛的父母都是努力工作的好人，總是爲孩子著想，他們給了大衛一個溫暖的家、舒適的衣服、充足的食物，滿足他的一切物質所需。他的母親是家庭主婦，幾乎總是待在家裡。在大衛的成長過程中，他「知道」父母都愛他，但是他並沒有「感覺」到父母的愛。並不是他們故意不愛他，而是因爲在他的家庭裡，各種情感，不管是正面或是負面情感，都沒有表達的空間。大衛在身體上得到很好的照顧，但是卻沒有獲得情感的滋養。

身爲一個成年人，大衛在參與治療團體的時候，每次只要有人表達出強烈的情緒，他立刻就會變得畏縮。如果團體中有人因爲某些事情而感到痛苦，大衛是一個能夠提供實際、理性建議的專家，然而他在這麼做的時候，幾乎看不出他有任何情緒。他的意見都出自善意的考量，但是他在給意見時完全不帶任何感情。面對這樣的風格，團體中的其他成員通常會對他表現出防衛性，也無法接受他的建議。

我們大多數人都知道，如果你要給別人任何建議，最好是帶著關心的感覺，這樣別人比較能夠接受。團體裡的成員會感謝大衛實用的建議，但卻不喜歡他冰冷的態度。大衛無法在情感上與其他成員連結，也害怕別人會在情感上與他連結、對他產生依賴。其他人的確有可能會仰賴他，而只要有人表現出需要他或是關心他的樣子，他就會變得非常不自在。還記得大衛對自己的女兒有什麼感覺嗎？他討厭自己的女兒，因為「她讓他產生了在乎對方的感覺」。

就像同情心一樣，滋養也是將人類聚集在一起的情感黏膠，是我們情感油箱裡的燃料。對於健康的教養來說，這是不可或缺的；而在一段良好的婚姻關係當中，丈夫和妻子之間也必須有充分的相互滋養。如果孩提時代我們能從父母那裡得到滋養，我們就會吸收這樣的養分，讓它成為我們的一部分。長大以後，我們也會有能力在別人需要時為他們提供滋養，不管那是我們的父母、朋友、伴侶或是孩子。孩子就像海綿一樣，他們會吸收父母的愛、關懷和幫助。一塊遠離水分的海綿會變得乾枯，最後變得僵硬。同樣的道理，一個孩子如果太遠離愛、關懷和幫助，就會開始變得僵硬，並且把別人拒於門外，也無法接受滋養或是給予別人滋養。這就是發生在大衛身上的故事——他沒有辦法感覺或是表達他的愛。

「**無力滋養自己和別人」的徵兆與信號：**

- 人們有時會說，與你相處時有距離感，甚至覺得你很冷淡。
- 有時別人會覺得你很傲慢。
- 你經常覺得其他人太過情緒化。
- 其他人會請你給他們實際的建議，而不是情感上的支持。
- 如果有人在你面前哭泣，你會覺得很不自在。
- 你覺得難過的時候哭出來很難爲情，特別是在別人面前。
- 你不喜歡眞正被別人需要的感覺。
- 你不喜歡需要別人的感覺。

9. 缺乏自我紀律

我們每個人每一天都必須將自我紀律運用在生活的各個層面。我們準時起床、沖澡、吃東西、運動、集中注意力、做雜務、存錢。透過規範，以及父母對我們的愛和期望，我們學著讓自己著手去進行這些必要的日常任務。

値得注意的是，對於許多遭受童年情感忽視的人來說，行使所謂的自我紀律是相當困難的一件事。我發現，受到情感忽視的人通常必須經過一番掙扎，才能讓自己從一些不應該做的事情當中停下來，像是吃垃圾食物、過度消費、以及其他放縱的事情。反之，他們也沒辦法強迫自己做不想做的事情，像是家事、任務、工作或是運動。他們通常會說：「我眞受不了自己，但我就是沒辦法開始。」

是的，我們所有人在某個程度上都有過這種掙扎，但是對於受到童年情感忽視的人來說，他們的掙扎會維持很長一段時間，而且張力更爲強烈。這樣的掙扎成了他們這輩子的重要課題。那些受到童年情感忽視的人來找我進行心理治療時，經常都會說自己漫不經心、懶惰、沒有動機、或是不斷拖延該做的事情。當他們提起自己的童年時，你會發現，儘管他們的父母爲孩子付出很多，或是相當關愛孩子，但就是沒有爲孩子提供一個可以學習自律技巧的環境。舉例來說，他們沒有讓孩子在出門玩之前做完功課，或是要求他們必須先做家務或是運動才能看電視。

每次父母建立、執行這些規則，並且明確地表達對孩子的期望，這些規則和期望便成了孩子行爲準則當中的一部分，如此，孩子才能學會強迫自己去做一些枯燥的事。從另一方面來看，在情感上忽視孩子的父母，並不會阻止孩子吃太多垃圾食物，或是揮霍自己的金錢。當一個孩子被放任自行其是，他就會知道該怎麼縱容自己。情感忽視通常都會造成自我放縱。

許多受到情感忽視的孩子都有著深愛他們的父母，爲他們提供一切物質所需。但是就教養這個任務來說，另外一個重點就在於看見孩子的本質：不只是注意孩子擅長哪些事情，也要注意他們不擅長哪些事情，並且努力確保孩子可以處理這些事情。許多在情感上忽視孩子的父母都相當關心孩子，但是他們卻沒有在這些方面給孩子足夠的約束。

［案例40］

童年時期缺乏紀律和規範的威廉

年近四十歲時，威廉來找我進行心理治療。他心裡有一種感覺揮之不去，那就是他覺得自己應該要有更好的成就。他在一家非常著名的商學院拿到了企管碩士（MBA）文憑，二十幾歲時也做了一些心理測驗，證明他擁有相當高的智商。但是威廉做過的幾份工作，對他而言都不具有挑戰性，文憑根本就派不上用場，薪水也配不上他的能力。他最近遭到解雇，因爲老闆對他的表現不太滿意。對於這點，他感到相當憂心。

不管是在工作上或是私生活當中，威廉在自我紀律這方面都有嚴重的問題。有時候他會整晚熬夜工作，結果隔天睡過頭。他的太太抱怨他有時會忘了吃東西，也很少運動。儘管他眞的很想努力把事情做好，但若要他去做一些困難、無聊或是不愉快的工作，他總是拖拖拉拉的。一旦他開始進行這些任務，他立刻又會想到有些其他更好玩的事情可以做，接著就去做別的事。他過去的雇主曾經對他說他的工作效率太差了，他也對自己低落的生產力感到非常挫敗，開始對自己有了這樣的想法：「我很糟糕，老是拖延工作進度」、「我很懶」，還有，「我到底有什麼毛病？」

威廉出生後沒多久，他的父母就離婚了。他的父親不曾參與過他的生活，他的母親則因爲是單親媽媽，對他相當溺愛，他是她眼中的寶貝兒子，而威廉的確也是一個很棒的孩子。他聰明、討人喜歡，而且從來不會惹麻煩。學校的老師們都喜歡他，他的成績也很好。他的母親告訴他，他是一個很棒的孩子，並且放任他做任何他想做的事情。她必須做一份全職的工作來養活他們兩人，而且她對威廉很放心，認爲自己不需要給他太多監督。所以在威廉的成長過程中，他擁有相當多的自由和關愛，母親不太監督他，也沒有給他什麼規範。他記得自己總是在最後一刻才開始寫期末報告，常常書都沒有念就去考試，國中和高中時整天都和朋友混在一起，直到深夜。他不需要做什麼雜務或是家事，偶爾眞的要做點什麼事情的話，通常也相當輕鬆。他的母親經常對他放寬標準，或是隨便他。同樣地，如果他偶爾在學業上表現失常，他的老師通常會放下疑慮，先往好的方面想，因爲他是個聰明有禮貌、而且會爲自己著想的好孩子。走出自己的舒適圈，或是認眞做一件枯燥的事情，是他不太常會遇到的挑戰。

你可能會想，這聽起來像是很好玩的童年。是的，就許多方面來說是這樣沒錯。不過問題在於，這樣的童年沒有爲威廉做好準備，讓他在成年以後可以應付成人世界的要求。在他最近的這份工作中，他必須跟客戶合作，爲客戶完成案子。他必須知道客戶想要什麼，接著制訂計畫，並在截止日期之前把成果交給客戶。在類似的案子裡，他都必須負責協調工作，分配各個同仁的職責，確定所有的事情一起運作。威廉喜愛這份工作，以及這份工作所需要的創造力。不過，工作中必須協調各個元素和制訂計畫的部分，讓他無聊得想哭。每次到了要寫結案報告時，他就會開始拖延。他會錯過截止日期，沒多久老闆就覺得有點受不了，因爲他每次都這樣，而他自己也越來越沒有安全感。威廉有足夠的聰明才智，他也喜歡並且享受自己的工作。所以，究竟出了什麼問題呢？

威廉的童年時期幾乎沒有任何需要掙扎的事情，如果生活中沒有什麼不愉快的要求出現，他都可以過得很好。成年以後，打個比方來說，威廉非常擅長毫無目標地揮灑自己的才能，但是只要老闆要求工作成果，或是他必須爲了一個目標而努力，他就沒有足夠的自我紀律可以完成事情。

他的母親採取了阻力最小的教養方式，輕易地屈從於威廉的要求，沒有強迫、也沒有規範，所以威廉對自己也是這麼做。舉例來說，威廉本來可以從家務中學到很多。如果他的母親知道他在高中課業裡沒有遇到什麼挑戰，或許就可以幫他找個進階的數學課程或是語言課程來上。如果家裡有更多的規範，就能夠幫助威廉將這些規範變成生活的一部分。如果威廉因爲櫃子有沒有擦乾淨而和母親有了衝突，這也能教導他把事情完整做好的重要性，即便那是一個無聊、沒有人會感謝他的工作。

威廉沒有機會學習規範自己，或是學著去做那些自己不想做的事。因爲他是個聰明英俊的孩子，以致旁人一直沒有注意到他缺乏自我紀律這件事，一直到他成年以後進入職場。在職場裡，事情就變得很清楚，他沒有忍受無聊的能力、沒有規範自己的能力、或是堅持不懈的能力，然而這些能力對每個成功的成年人來說都是必要條件。

「缺乏自我紀律」的徵兆與信號：

- 你覺得自己很懶惰。
- 你做事經常拖拖拉拉。
- 你很難在截止日期前完成工作。

- 你總是吃太多、喝太多、睡太多、或是花費太多。
- 你受不了生活裡枯燥的事情。
- 你試圖逃避日常的任務。
- 因爲完成的事情很少，你對自己感到生氣。
- 你的成就低於能力。
- 你的自我紀律不足。
- 你做事常常有些雜亂無章，即使你知道自己有能力做得更好。

10. 述情障礙：無法覺察情緒或瞭解情緒

如果說遭受情感忽視的人有什麼共同症狀的話，那就是「述情障礙」（alexithymia）。在每一個遭受情感忽視的成年人身上，我們或多或少都能看到這個症狀。「述情障礙」這個詞彙在大多數的字典裡都找不到，這不是一般人會使用的字詞，主要是心理學家或其他心理健康專業人士的術語，大多時候會出現在研究當中。

述情障礙指出一個人在情緒上有所匱乏，不管是與情緒有關的知識，或是對於情緒的覺察。在最極端的情況下，一個人無法解讀自己的情緒，包括自己的情緒和別人的情緒。有述情障礙的人，他們不想或是無法容忍情緒，甚至無法體驗情緒。我發現有述情障礙的人通常都很暴躁，他們會毫無理由地就對別人大發雷霆，而這顯然會破壞他們的人際關係。不過這也讓他們可以與其他人保持距離，即使這讓他們覺得非常寂寞。

沒有被辨認出來或是表達出來的情緒會亂成一團，最後以憤怒的形式出現。最終，被壓抑的感覺再也無法抑制，到了這個時候，它們就爆發成令人受傷的不耐煩。接下來的例子是一個遭受童年情感忽視的男子，他有著嚴重的述情障礙。

[案例41]

除了憤怒外，沒有其他情感的凱爾

凱爾高高瘦瘦，看起來有點衰弱，在年近半百時前來尋求心理治療。一九九九年，他的主治醫師要他轉診過來，因為他告訴醫師，自己打算在千禧年要結束的時候自殺。第一次諮商時，他對於自己的計畫相當清楚，而他所表現出來的憤怒和輕蔑態度則是相當嚇人。不過，這些充滿敵意的情緒是他唯一願意展現出來的。當我越來越瞭解凱爾，我很快就知道他除了酗酒，這輩子幾乎沒有什麼成就可言。他有工程學的學位，白天是一名家電維修員，晚上則是獨自一人在自己的公寓裡喝悶酒。他從來沒有結過婚，也沒有小孩，自己獨居。

許多年來，凱爾一直幻想自己可以消失。經過幾個月的治療後，他和我分享了他最祕密的幻想：他想要逃到某個鄉下的森林裡，像個隱士般離群索居，而且不要讓家人、朋友或認識的人知道。他會想像當那些認識他的人發現他消失了，他們會不會感到悲傷或驚訝，或是感到擔心難過，或是希望自己再度出現。這些想像讓他獲得很大的快樂。

凱爾有兩個哥哥，他的雙親依然健在。在療程當中，他表達了自己對整個家庭的厭惡，甚至可說是憎恨，但是他無法解釋爲什麼會這樣。他說在心理治療的前一年，他把所有的家庭照都找出來銷毀，包括他童年時期的照片。他沒有辦法解釋自己的行爲，也無法回應我對於這件事情的好奇心，他自己對於這件事似乎也不怎麼感興趣。工作的時候，凱爾好幾次因爲不耐煩，對同事或是顧客大發雷霆而被暫停職務。

當凱爾在療程中侃侃而談，我開始知道這些事情爲什麼會發生。他出生於紐約上州的一個工人小鎮，父母是第二代的德國移民。他的父親在一間工廠上班，母親在家照顧他和兩個哥哥。他家沒有任何家暴的問題，父母給了凱爾適當的保護、飲食和衣物。當我問到他的兩個哥哥，他只是說他喜歡和哥哥們打棒球，不過上中學後，他們就再也不跟他玩了。事實上，關於他的家庭生活中有什麼重要的互動，這是他所能給出的唯一例子。當我問及他的家庭生活，凱爾說在他的記憶中，家裡從來沒有人大吼大叫、哭泣、擁抱、親吻、觸摸、互相使眼色、或是表達任何情緒。事實上，凱爾對於我問的一些與情緒有關的問題感到一頭霧水，很顯然，他並不懂得情緒的語言。「情感」這個概念並沒有被包括在他生活的範疇裡。

不過，憤怒的確是凱爾所熟悉的唯一一種情緒。他經常感到憤怒。基本上，在一天當中，他無時無刻不感到憤怒。他會在工作時試著控制自己（老闆才不會找他麻煩），晚上則是用酒精來驅逐憤怒，這樣他才能睡著。雖然憤怒在他的生活裡無所不在，他卻渾然不知自己感到憤怒。他沒注意到憤怒，也沒有質疑過憤怒；相反地，他對於憤怒感到自在，因爲憤怒已經成爲他的一部分，就像是手臂或心跳一樣。

由於他所遭受的情感忽視，使得他在情緒上嚴重發育不良。在他所有的關係中，他沒辦法瞭解自己的感受或是解讀別人的感受，他不知道自己可以從別人那裡要求什麼，或是自己可以給別人什麼。他在情緒上有某種缺陷，並且覺得很寂寞。難怪他會一直喝酒，難怪他會幻想著要一走了之，讓大家可以懷念他、後悔他們沒有陪在他身邊。稍微讓人感到驚訝的是，當那些無法解釋的情緒從他封印的過去溢出來時，自殺這個念頭反而撫慰了他。畢竟，爲我們稱之爲「存在」這個奇怪東西帶來意義的，就是情緒或是人與人之間的連結。

對凱爾來說，治療的第一步是開始覺察自己的憤怒。第二步較爲困難，就是幫助凱爾，讓他不要用喝酒來麻痺自己的情緒，並且教導他與自己的情緒共存。第三步則是最艱難的，那就是幫助凱爾打開憤怒這個封印的盒子，爲儲存在裡面的所有情緒一一命名，並且體驗這些情緒。

當凱爾願意信任這樣的治療，他便開始明白，哥哥們不想跟他一起玩這件事並非小事。在那個時候，還有現在，情況都一樣，凱爾覺得自己遭到遺棄，他覺得很受傷且受到排擠，認爲哥哥不愛他，覺得自己不重要。他沒有辨認出、覺察到、或是用語言表達這些感受，而是把它們壓抑在心裡，將它們放到一個上鎖的盒子中。

爲了緬懷凱爾，也冒著讓讀者們難過的風險，我想要在這裡完整地說完他的故事。當凱爾學會辨認和述說自己的感覺後，他變成一個溫柔的人。經過幾年的治療，他開始對朋友敞開心房，他的朋友們也會打電話給他。身爲他的治療師，我偶爾會聽到一些認識的人說他們會約凱爾出去、和他一起打發時間。他不再酗酒，並且開始學做菜。他不再一個人在夜裡喝悶酒，有時候會和朋友出去，有時候會做一大鍋的辣肉醬或是燉肉。他的體重增加，看起來比較健康、比較強壯，也不再有自殺的念頭。

凱爾很享受自己新發現的與這個世界的連結，只不過時間非常短暫。他戒酒兩年以後，在肺部發現一個陰影。癌細胞蔓延到他的腦部，醫生說他只剩九個月時間可以活。在這九個月，只要身體情況允許，他都會盡量繼續我們的療程。他的朋友們輪流陪著他，去醫院探視他，為他煮吃的。最終，他死得並不孤單，身邊圍繞著許多朋友。他的主治醫生在他過世時給我打了一通電話，我們在電話裡都哭了。我們最後都愛上他這個人。

凱爾走了，但是留給我一堂無價的功課，一個離別的禮物：童年情感忽視的傷痕不必然是一輩子的，只要開始面對，永遠不嫌太晚。

「述情障礙」的徵兆與信號：

- 你很容易不耐煩。
- 你很少察覺自己正在經歷某種情緒。
- 你經常搞不清楚別人為什麼會有某些行為。
- 你經常搞不清楚自己為什麼會有某些行為。
- 你生氣的時候，經常會太超過或是太具有爆炸性。

- 對你自己或對別人來說，你的行爲經常顯得太過輕率。
- 你覺得自己在本質上與其他人不太一樣。
- 你的內在缺少了些什麼東西。
- 你的友誼缺乏深度和內容。

作家亨利・大衛・梭羅說：「大部分的人都過著絕望的生活。」我相信他說的是那些童年時受到傷害的人，他們無法辨識自己的傷口、解釋它、或是透過成長來超越它。我衷心盼望這本書可以讓你看見自己生活中這些創傷的痕跡，並鼓起勇氣去克服你的童年情感忽視。

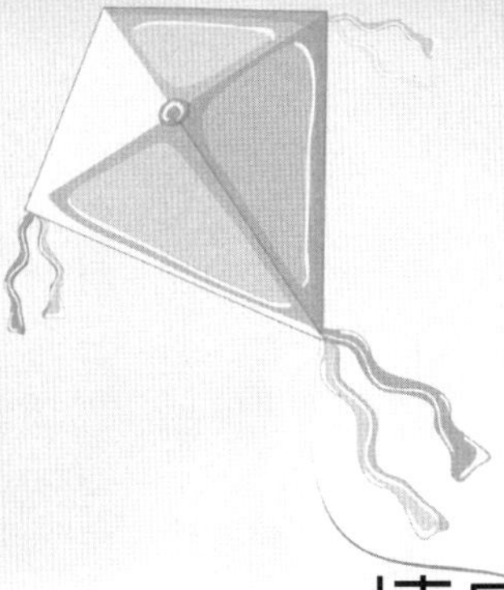

4

情感得不到認同的危機

這一章將討論一個沒有人會想要探討的主題，而且是大部分的人想都不願意想的主題。如果你從來沒有想過要自殺，或是不認識任何有這種念頭的人，那麼你可以跳過這一章。我保證這麼做不會妨礙你閱讀本書的整體經驗，你也不會有任何損失。

不過，如果你曾經受到自己或是別人自殺念頭或自殺行為的影響，那就請你繼續往下讀。

自殺這個主題不只讓人不愉快，而且還很嚇人。對多數人來說，這件事情難以想像，且根本不會出現在我們的腦袋裡。有些人覺得自殺是一種自私的舉動，另外有些人覺得自殺是懦夫才會做的事。大部分的人在有生之年都努力地避免死亡太早來臨，所以我們很難瞭解，究竟一個人要具備什麼樣的動機，才會邀請死亡降臨在自己身上。這一定是因為某些非常戲劇性的事情，像是嚴重的負面事件，對吧？

即使我們用盡一切努力想要逃避自殺這個話題，然而大多數人都認識某個曾經考慮過要自殺、試圖要自殺或是真的自殺的人。世界衛生組織（WHO）指出，二〇一二年全球約有八十萬人選擇用自殺結束自己的生命，且每年有更高比例的人企圖自殺，這也使得自殺在全球死亡原因中排名第十五。這些統計數字尚未包括自殺未遂的案例，更不用說那些多年來從未告訴任何人而悄悄地想要結束自己生命的人。

人們決定要自殺的理由有千千萬萬個。有時事情非常地戲劇化，有的人是因為面對失敗或公然受到侮辱，而選擇以自殺來回應極端負面的事件。還有人試圖藉著自殺來逃避自己行為所帶來的後果，比如說入獄服刑。還有人是因為躁鬱症或是長時間的憂鬱症而自殺。雖然對於他們所屬的社群和被遺留在世界上、愛他的家人來說，這件事總是那麼地令人震驚、困惑，不過如果我們知道某些可能引發自殺的明確事件或是疾病，我們就能夠稍微釐清一下事情發生的原因，雖然並不一定總是如此。

［案例42］

被無言的痛苦壓垮的蘿賓

三十二歲的蘿賓住在西雅圖的精華地段，她有一種與生俱來低調的吸引力，常常會吸引旁人的目光。她的一頭紅褐色長髮經常用髮夾夾起來，或是隨性地綁個馬尾。當人們第一次見到蘿賓，都無法不注意到她紅褐色頭髮和水晶般藍色眼珠的奇異組合。因為這樣，蘿賓經常被旁人品頭論足。大部分的人在談論她時，都覺得他們是在讚美她，但是蘿賓的反應看起來往往有點尷尬，這讓他們覺得有些驚訝。

事實上，蘿賓對於自己值得注意或是不太尋常的長相感到非常不自在。即使已經三十二歲，她還是試著在外型上盡量保持低調。如果可以把自己變成背景的一部分，她會覺得比較舒服些。

蘿賓單身，從未結婚。二十一歲從大學畢業，拿到心理學學位。往後幾年她接連做了幾份不一樣的工作，最後發現自己沒辦法光靠這個學位謀生。那時，她決定回到學校念書，最後在加州大學洛杉磯分校拿到了企管碩士學位。她現在擁有一份很棒的工作，薪水不錯，而且在鬧區一個精華地段有一間舒服的公寓。

她住的地方離健身房只有一點六公里，週末時經常會看到她跑著上健身房，或是從那裡回家。她總是小心翼翼地調整有氧運動和阻力訓練的比重。蘿賓的朋友喜歡調侃她的健康習慣，因為她吃得很小心，對於燒烤食物有恐懼症，因為她在某個地方讀過烤焦的食物可能會導致胃癌。當朋友們邀請蘿賓去戶外烤肉，還會很貼心地準備鮪魚罐頭，這樣，他們取笑蘿賓的飲食禁忌這件事就算扯平了。蘿賓自己對此倒是沒有表示什麼意見。

蘿賓的朋友說她是個矛盾的人。他們覺得可以對蘿賓傾訴一切，因為她是個很好的傾聽者，會給他們建議。他們可以信賴她具體、考慮周全的意見，但是她卻很少分享自己的事。她很擅長給予，不過不會主動要求朋友的支持或建議。此外，有時你根本就找不到她，她可以一連好幾個星期都不接電話，她的朋友會戲稱「蘿賓又進入隱士模式」。

雖然她會接受邀請去參與社交活動，但她很少主動邀請朋友做些什麼。事實上，蘿賓大部分的朋友都沒去過她的公寓。她大多時候都很安靜，像是背景的一部分。不過如果她喝了點酒，就會搖身一變成為派對的焦點。她帶著嘲諷意味的幽默感會在這個時候出現，她會變得風趣，甚至是相當大膽。朋友覺得她的內心深不可測，也常為此覺得相當挫敗，因為那是他們無法觸及的。蘿賓感覺起來就像是一個完美的朋友，但是當她進入「隱士模式」，你根本就找不到她。

六月的某個星期六晚上，蘿賓到朋友翠西家烤肉。翠西有個檸檬馬丁尼調酒的新配方，喝起來真的相當美味。當每個人都在享用燒烤牛排丁的時候，蘿賓就吃她的鮪魚三明治，還喝了三杯檸檬馬丁尼。一如往常，那個晚上她相當風趣。他們打撲克牌打到凌晨，才決定今晚已經玩夠了，便各自收拾東西回家。

兩天後，蘿賓的姊姊打電話給翠西，跟她講了一個晴天霹靂的消息。蘿賓的姊姊順路去拜訪她的時候，因為蘿賓沒有應門而覺得不太對勁，進門後卻發現她昏迷不醒。蘿賓在星期天用藥過量，就在那天的聚餐之後。

蘿賓的朋友、家人或同事完全搞不清楚為什麼她會有這種自我毀滅的行為。這樣一個聰明、成功、受大家喜愛的人，怎麼會做這種事？她擁有一切值得活下去的理由，為什麼她會想要結束自己的生命？為什麼事前一點徵兆也沒有？為什麼沒有任何人看出蘿賓可能正在計畫要自殺？所有蘿賓親愛的人都絞盡腦汁，想著自己究竟漏掉了什麼線索。他們分析了過去一個星期以來，自己和蘿賓在一起的每個片刻、每一分、每一秒，但是沒有一個人，包括那天在餐會上的朋友，可以想到任何線索。

有許許多多的自殺事件，似乎沒有辦法歸咎給任何事件或疾病。有時，這些自殺者似乎是他們那個領域中的佼佼者：哈佛的學生、成功的商人、所有科目都拿A的高中運動員，或者是每個人都覺得人生過得一帆風順的朋友、鄰居、同事或手足。有時，你可以找到引發這件事的原因，但是那看起來也沒有嚴重到足以讓一個人結束自己的生命。通常自殺者的親朋好友不只是感到震驚，他們還會覺得一頭霧水、充滿困惑。那些被留下來的人，最後只能抓著一些不可能有答案的問題不放，不只是「他們怎麼能這麼做」，還有「他們為什麼要這麼做」。

要回答這個問題，讓我們回到蘿賓身上。到目前為止，你對她的瞭解就是她的朋友和家人對她的瞭解，這是從外在來看的。現在我們要進入蘿賓的內心世界，由內而外地來瞭解為什麼她會採取這麼極端的作法，還有在她身上究竟發生了什麼事。

蘿賓在華盛頓州一個寧靜的小鎮出生，在家裡五個孩子當中排行老三，父母對孩子充滿慈愛與關懷。她的父親是機械工程師，母親是家庭主婦，一直到幾個孩子都進入青春期才回到職場，在當地的學校擔任老師的助手。

從許多方面來看，蘿賓的童年過得還可以。她和手足的年齡相近，住在一個充滿綠蔭的社區，附近有許多家庭和小孩，所以蘿賓永遠不缺玩伴，她也和自己的姊妹很親近。她家雖然稱不上富裕，但有足夠的錢可以好好過日子，所以並沒有什麼經濟壓力，從來不用縮衣節食。每年四月他們都會全家出動，飛到迪士尼樂園玩一個星期，每年十二月則是到俄勒岡州的波特蘭跟蘿賓的祖父母一起共度聖誕節和新年假期。

蘿賓的父母很少爭吵，但他們對於負面事情的容忍度相當低。每當孩子們吵架（兄弟姊妹之間難免會這樣），父母就會採取鎮壓的手段，要孩子們立刻回到各自的房間。他們吵架的原因、哪個人有錯而哪個人又是無辜的，這些都不是父母關心的重點。蘿賓父母的座右銘是「絕不容忍」。當孩子想要抱怨些什麼，或是想表達自己的不愉快、傷心或挫折時，蘿賓的父母也是用這樣的規則比照辦理。這樣的結果是，他們家變得非常安靜。孩子們很早就學會如果心裡有什麼負面的想法，最好藏在心裡，因爲他們的父母拒絕承擔這些「廢話」，爲的就是想要打造一個快樂、互助的家庭，所有的家庭成員都能夠好好相處，沒有人覺得有所不滿。此外，因爲有五個孩子要管教，他們也覺得自己沒有精力來解決孩子的危機、幫他們擦乾眼淚、或是安慰他們的挫折。「絕不容忍」政策讓他們可以掌控家裡的一切，而且他們覺得這麼做可以讓他們對生活抱持正面的態度。

蘿賓和姊妹們很少待在家裡。從很小開始，她們就比較喜歡和姊妹以及朋友一起出去外面無拘無束地玩。只要離開家裡，她們就可以自由地抱怨、吵架，還有表達自己的想法和感覺，不管是正面的還是負面的。蘿賓的姊妹們覺得這相當新鮮，令人感到釋放。她們發現父母所無法容忍的感覺，換作是在其他地方，都會獲得接納。不過，蘿賓就有點不一樣。

打從一出生，蘿賓就是個敏感的孩子。身爲老三，她的父母立刻就發現她的個性和兩個姊姊不太一樣。她很愛哭。媽媽幫她穿襪子或是給她一個新的、不熟悉的奶嘴，她就會變得很激動。她的父母叫她「愛哭鬼」（Frequent Crier），諧音來自「飛行常客」（Frequent Flyer）。當她成爲學步兒、念了幼稚園，一直到開始上小學以後，因爲她很容易就淚眼汪汪，所以家人開了她很多善意的玩笑。安靜的眼淚常常會招惹一些無聊的玩笑，但是放聲大哭則是另外一回事。如果蘿賓哭出聲音，她的父母就會執行「絕不容忍」政策，要她立刻回自己的房間。

經過這些教訓，蘿賓學到重要的一課。她學會負面的情緒是壞事，而且不能容忍。她學會如果自己有什麼不開心、不好玩或是不正面的感覺，最好由自己承受，小心地藏起來。她因爲自己有感覺而覺得丟臉，便暗自發誓再也不要顯露任何感覺。她把這個教訓學到了極致，最後甚至連自己也感受不到自己的情緒，以確保自己隨時隨地看起來很正面、很開心。有時當她發現自己無法表現出快樂的模樣時，她就會躲起來，把自己關在公寓裡。接著，她會把所有的時間都拿去工作，完全沉浸在自己的工作職責當中，或是關在公寓裡瘋狂地看電視，這麼做能夠幫助她牽制所有的思想和情緒，直到她再度有力氣可以對抗所有的負面情緒，然後再度「快樂」起來。

蘿賓不只是在對抗這些負面情緒，其實她就生活在裡頭。她的生活規劃就圍繞在確保自己不要流露、看見、認識或是感受自己內在的負面情緒，而這必須耗費極大的能量。她一心想要對世界隱藏自己內在那些令她覺得丟臉、負面的部分（這是薩賓版本的「致命缺陷」），所以她沒辦法讓任何人與她走得太近。這就是爲什麼她從來沒有邀請朋友到她的公寓，因爲她害怕朋友可能會從當中找到一些蛛絲馬跡，看見她不想讓別人看見的東西。

必須注意的是，在這整個過程當中，薩賓都處於一種極度孤獨的狀態。她知道父母、家人和朋友都愛她，但她就是無法感覺到愛。你很難說服自己那些不瞭解你的人會愛你，而且沒有人眞正瞭解薩賓，甚至連薩賓也不瞭解自己。她覺得自己與周遭的世界格格不入，其他人看起來則是快樂又完整。他們看起來似乎瞭解彼此，照顧彼此，自由自在。其他人似乎不需要隱藏自己，或是像她一樣掙扎。薩賓覺得她彷佛是個局外人，從外面看著自己，就像是電影螢幕上的一個影像，與別人沒有連結。她獨自一人，完全不被瞭解。她經常會想活著有什麼意義，如果生命如此空虛，有那麼多的折磨、痛苦，沒有什麼好處，那麼活著幹什麼？

從青春期以來，薩賓就有這種「冷眼旁觀」的感覺。十三歲時，她就開始想自己究竟有什麼毛病。她有美好的童年，所以她無法解釋自己那種擁有某個致命缺陷的感受。她覺得自己缺少了某種東西，內心有個地方生病了，一種祕密的空洞。唯一可以讓她感到舒緩的方式就是想像自己死了。死掉對她而言彷佛是一種極大的解脫。她無意自殺，但是她把這樣的可能性當成是一個避風港。如果她達到再也無法承受痛苦的臨界點，總是可以選擇結束自己的生命，這樣就不再有掙扎、不再空虛、不再寂寞、不再痛苦。從十三歲開始一直到成年以後，薩賓會利用死亡的幻想以及避風港這個祕密知識來安慰自己，但是她從來沒有對任何人提過。

現在讓我們回到烤肉之後那一天，那時蘿賓躲在自己的避風港裡。以下是那天發生的事：

蘿賓醒來後還帶著一點宿醉，她還記得前一晚自己玩得很開心。她倒了一些麥片，坐在電視機前。她覺得有一片烏雲籠罩在自己頭上，距離上一次她擊退「隱士模式」已經是幾個星期以前的事了。她覺得有點疲倦，頭腦昏昏沉沉的，還有空虛感，但是這些都比不過一種麻木的感覺。她把電視轉到老牌綜藝節目《安迪．格里菲斯秀》，希望可以讓麻木感和空虛感消失。不過這麼做並沒有用，所以她在沙發上躺下，想像自己死了。通常這個方法還滿有用的。但是這一次似乎不管用，她心裡的空虛感和痛苦反而變得更強烈。她站起來，從客廳的一邊踱步到另一邊，來來回回。當她這麼做時，烏雲變得更黑暗，空虛感變得更深沉。她失神的腦袋裡有一部分知道《華頓這一家》是《安迪．格里菲斯秀》的下一檔節目。這讓她突然想起兒時的一個片段，她的家人無情地斥責她在《華頓這一家》播出時哭了一整集。她猛地感到強烈的羞恥感和自我厭惡感繼續堆疊在原本的空虛感之上。她急切地想要阻止越來越惡化的痛苦，這時她衝動地跑到廁所，把她在櫃子裡找得到的藥丸通通吞到肚子裡，那些藥丸是她存放在那裡，就是爲了如果有一天她變得如此絕望時所準備的。

你可以看到，每個人所認識、所愛的蘿賓，並不是「眞正的」蘿賓。從根本上來說，她是顆定時炸彈，每隔一段時間就會爆發一次。不過這個特定的情況有什麼不一樣，足以讓蘿賓眞的把她的幻想付諸行動？這不是一個戲劇性事件，只是一個電視節目，在最糟糕的時間點將她的羞恥感和自責感全面引爆。在《華頓這一家》開始之前，蘿賓就已經有危險，而她腦海裡浮現的跟批評及羞辱有關的家庭回憶，成了壓垮駱駝的最後一根稻草，把她丟進無可救藥的孤獨感和疏離感的深淵。總的來說，引爆炸彈的只是《華頓這一家》的重播。

蘿賓很幸運，因爲她姊姊剛好順路來看她。很多像蘿賓一樣的人都沒有被發現，而當人們最後發現時已經太遲了。他們沒有獲得幫助，沒有告訴別人或者讓別人瞭解他們的痛苦，也沒有辦法對任何人說明，在生命結束前、在最後的那些片刻，究竟發生了什麼事。我想，那些愛他們的親友通常會覺得挫敗、感到困惑不解，永遠不明白到底爲什麼會這樣。

現在讓我們重新看看第三章提過的一些個案，他們能夠幫助我們以不同的角度來審視這個問題。但是先讓我們稍微暫停一下，想想自殺傾向與童年情感忽視之間可能的關聯。在這裡，我要提醒你，就設計來說，人類就是要去感受情緒。當這樣的設計短路了，一開始是由於童年情感忽視而受到損毀，後來則是由遭受情感忽視的孩子自行在成年以後延續下去，於是整個系統便無法運作。想想看沒有加糖的冰淇淋，或是一台少了基本指令的電腦，如果我們把情感從人類的心靈當中移除，心靈的運作就會失常。

就許多方面來說，空虛感和麻木感比痛苦更可怕。很多人告訴我，與沒有感覺比起來，他們寧願去感覺，不管是感覺什麼都好。當某個東西「不在那裡」，我們便很難去認出它、理解它、或是用語言來表達它。即便你成功地將空虛的感受化為語言，並且和別人分享，其他人也很難瞭解你在說什麼。對大多數人而言，空虛感似乎就像是「什麼都沒有」。沒有東西就是沒有東西，不管那是壞東西或好東西。但是就人類的內在運作而言，沒有東西事實上是某種東西。事實上，空虛感本身就是一種感覺。我發現這是一種非常具有張力而且強大的感覺，是驅使人們採取各種激烈手段來逃避它的一種力量。

還記得案例32的賽門嗎？那個愛上高空跳傘、三十八歲的英俊、成功男子？你可能還記得賽門也有自殺傾向，因爲他覺得空虛和麻木。對他來說，生活相當孤獨，沒有意義，也沒有熱情。高空跳傘帶來的激動很短暫，不足以讓他找到想要活下去的理由。

從另一方面來說，案例33的大衛把「永遠不要有感覺，不要表現出感覺，也不要想從任何人那裡欲求任何東西」這樣的訊息，變成自己心理的一部分。他的自殺傾向是基於要完成無意中從父母那裡得來的指令。因爲大衛是個活著的、正在呼吸的人，擁有自己的感覺和需要，要完成上述指令的唯一方法就是結束自己的生命。確實，當我遇見他的時候，基本上他對生活已經完全不感興趣。

你可能也記得案例36的蘿拉，她的生活方式就是把自己的感情完全切除。她用啤酒和割傷自己來釋放情緒，但是代價就是強烈的羞恥感。蘿拉住在她自己所認定的、由致命缺陷所構成的監牢裡，覺得自己就像是一個毀損的物品，無法被愛，也無法與人連結。蘿拉的自殺傾向來自於對自己的憤怒，因爲她無法接受自己擁有感覺和需求，也無法承認它們或是消滅它們。就這些方面來說，她和蘿賓很像。

案例41的凱爾計畫在千禧年即將結束時自殺。死掉這樣的想法對他來說是很大的慰藉，因爲他覺得唯有這樣，身邊的人才會知道他無法用言語表明、然而卻時時刻刻都在承受的那種痛苦。當凱爾被情緒淹沒的時候，他就會用偉大的逃跑夢想來安慰自己。

我認爲上述這四位遭受童年情感忽視的人，是把自殺意念付諸行動的高危險群。如果他們沒有即時進行心理治療，很可能會眞的傷害自己。以下是這四位個案加上蘿賓的共同之處：

- 空虛感和麻木感
- 無言的痛苦
- 質問生命的意義和價值（活著有什麼用？）
- 逃避到遠方的幻想

値得注意的是，大衛、蘿拉、蘿賓和凱爾都擁有慈愛、爲孩子著想的父母，他們都出身於中產階級家庭，在成長過程中受到良好的照顧。沒有人受到家暴，他們都擁有幸福童年的記憶。對於這些人來說，只有一件事情嚴重地錯誤，而這件錯誤的事情是看不見的，是某種無法察覺的東西，是某種不管是這個家庭之內或是之外的親朋好友都錯過的線索。

對於一個受到情感忽視的人來說，他們將麻木和痛苦的感受藏在心裡，他們也不會與任何人分享其他的情緒。時間一久，或許你可以想像這會要一個人付出多大的代價。就像是氾濫的洪水淹過河床，它會慢慢地侵蝕一個人存在的根基：他們的能量、動力、自尊，以及對於生活的熱愛。

【第三部】

為自己補給：修復童年情感忽視

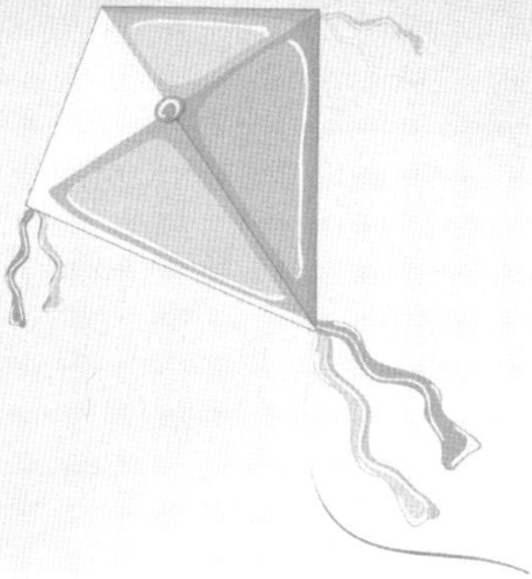

5

自我修復與成功改變的阻礙

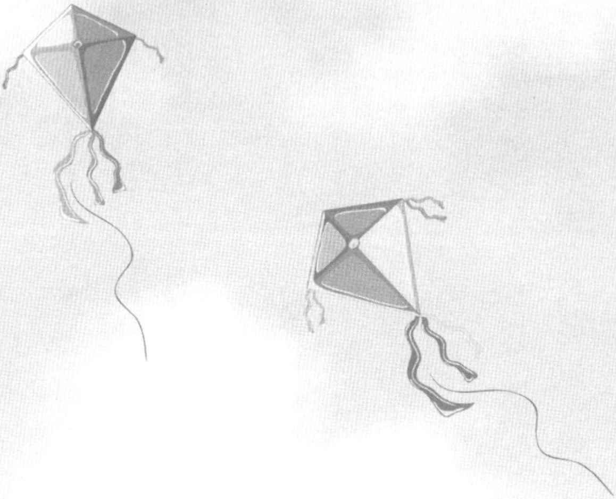

在我們試著修復那些生命中錯過的事情之前，花點時間想一想「改變」這件事情也很重要：改變如何發生或是如何不發生，有什麼事情會妨礙改變發生，以及如果事情不如預期（事情經常就是這樣），你該怎麼做。

在接下來的章節裡，我加進了一些「改變清單」（見第七章），你可以利用這些清單，在上面的空格裡填上你認爲可能是由童年情感忽視所造成的習慣。這些改變清單並不意味著改變就是一張薄薄的紙。我的想法是，當你在閱讀特定章節而開始面對那些深藏的、複雜的個人掙扎時，這些清單或許能夠成爲幫助你克服它們的利器。

我並不是要鼓吹某種制式化的、一體通用的方法，因爲這種方法只會強化你所遭受的童年情感忽視，而這是我最不願意見到的。所以當你接著閱讀第三部的其餘章節，請記得，我希望你可以用一種自助餐式的方法來運用本書——選擇適合你的練習清單、技巧和建議，自己調整練習清單，讓它更能爲你所用。

同時，讓我們來談談那些可能會妨礙我們成功改變的最重要因素。當你準備開始改變時，請去瞭解這些因素並把它們記在心裡，這樣當你碰到它們時，便可以很快地認出來。如果這些因素開始扯你後腿，你也能夠找到方法對治它們。

1. 對改變抱持錯誤的期待

- **改變一定會按部就班發生**：有這種期待是很正常的，你會覺得一旦你開始努力改變自己，成功就會慢慢地累積，而且一切都會隨著時間而變得越來越好，就彷彿你在攀爬階梯，一次一步，持續地往上升。但是大多數眞正的改變並不會這樣發生，相反地，它是一陣一陣地來臨，可能前進兩步，接著又後退一步。重點就在於退步的時候要繼續努力，堅持不懈，直到你又開始往前一步。

- **挫折等於失敗**：一旦遇到挫折，就會覺得自己失敗了。這種感覺相當危險，因爲失敗的感受很容易變成對自己的憤怒。然而，對自己生氣是進步的大敵，你很有可能會因爲對自己生氣而偏離了原本的目標或是開始退縮。
- **如果偏離目標，乾脆就放棄**：在改變的過程中，偶爾偏離目標是很正常的。如果你試著好好吃東西、好好運動、或是改變任何長期以來的行爲或習慣，偶爾偏離目標的機率是很高的。就算這件事情眞的發生了也沒關係，只要沒有半途而廢，偶爾偏離目標對最後的成功並不會造成什麼傷害。

2. 遇到挫折就逃避

從各種不同的層面來說，改變都不是件容易的事。第一，你得讓自己去做一件不熟悉的事情；第二，你得讓自己去做一件你覺得困難的事情；第三，你必須堅持下去，就像剛剛提過的；第四，爲了改變，你必須做很多功課。

面對以上四件事，逃避是一種自然的反應。畢竟要處理這些問題實在是太難了，不是嗎？如果可以把這些事情丟到一邊，不要費心掙扎，豈不是輕鬆多了？那還用說！

然而，逃避就像對自己生氣一樣，是進步的阻礙。逃避可能會像沙漠裡的綠洲一樣對你招手，但是到頭來你還是渴得要命。

唯一能夠處理逃避這種自然傾向的方法，就是與它正面對決。在你的逃避傾向開始介入的時刻，注意它，接著轉頭去面對它、挑戰它。提醒自己，如果你選擇逃避，那麼你將哪裡也去不了。提醒自己，所有有價值的事情都必須透過努力才能得到。接著拿出你的改變清單，開始在你自己身上工作。

3.因感受到自己的改變而不安

改變可能會是一件相當讓人害怕的事情。當你開始覺得自己變得和過去不一樣，或是當身邊的人因為你的改變而開始以一種不太一樣的方式對待你，你可能會覺得自己處於一個完全陌生的世界，不知道該怎麼表現、該怎麼回應。突然之間，一切都變了，再也不像以前那樣令人安心。

就我的經驗來說，大部分的人都沒有發現自己的不安，但是他們可以感覺到它，於是自然而然地想要從改變當中撤退，回到舊有的模式當中。這是一種非常自然的感覺，一種完全正常的反應。不過它就像我們剛剛學到的破壞因素一樣，會讓你回到原點。

舉例來說，許多試著減重的人在減掉最初幾公斤以後，突然間會產生某種異樣的感覺。或許這樣的感覺比從前還好，但是仍然有點奇怪，反而讓人不太舒服，於是他們就洩了氣，再也不想努力了。

你必須知道，這件事情很有可能會發生在你身上。請保持警惕，要知道它很正常，但是它確實有一種毀滅性的效果。不要讓它打敗你，繼續堅持下去。

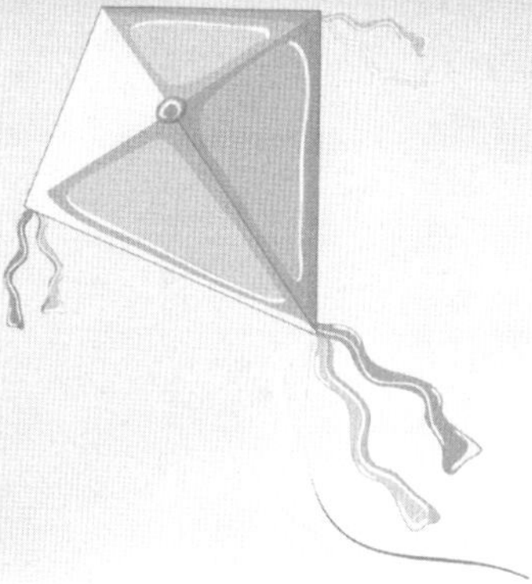

6

與情緒共處：瞭解、辨認、肯定、分享感覺

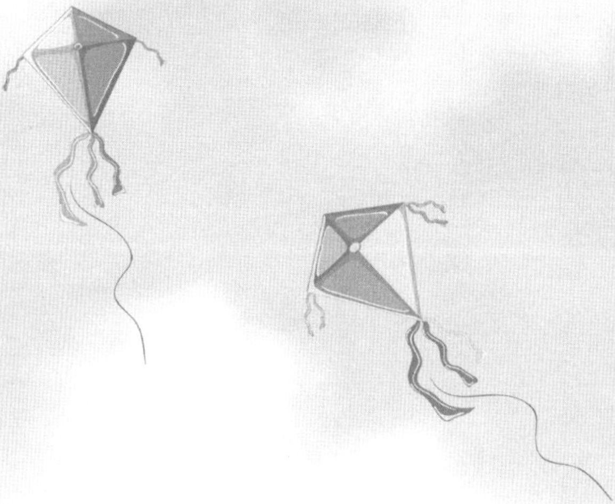

「雖然我們許多人認為自己是會感覺的思考生物，不過就生物學來說，我們是會思考的感覺生物。」

——神經科學家吉兒．波特．泰勒博士（Dr. Jill Bolte Taylor）

1. 瞭解情緒的作用與價值

我們的社會總是低估了情緒的價值。情緒經常被當成是一種討厭的事情，因此有些字眼常常與情緒連在一起，像是「濫情」、「多愁善感」或是「過度情緒化」。一般人總覺得把情緒表現出來的人有點孩子氣、女性化或是軟弱，把情緒當成思考的對立面。我們總是認為聰明的人都不是情緒化的人，而情緒化的人都不聰明。實際上，那些絕頂聰明的人經常可以利用情緒來幫助自己思考，同時也會利用自己的思考來調節情緒，其中的關鍵就在於找到方法，亦即以一種健康又均衡的方式來使用情緒。

傾聽你自己的感覺正在對你訴說些什麼，接著想辦法在感覺的基礎上採取行動，藉此改善你的情況、生活或是周遭的世界。過去許多最有價值的科學發現，都是源自於科學家對自己研究的主題充滿了熱情。比如說，科學家的熱情可能是受到憂傷的驅使，或是出自於一種想要幫助可能正在受苦的親友的願望。因此，最成功的人也會受到感覺所驅使。

神經科學家廣泛地研究了人類大腦的演化。在人類身上，感覺情緒的能力演化出來的時間，比思考的能力還要早上好幾百萬年。人類的情緒起源自邊緣系統（limbic system），它深深地埋藏在大腦皮質底下，也就是在腦部的思考區域之下。因此，與思考比起來，我們的感覺是我們存在的本質當中更爲根本的一個部分，它是我們生理學組成的一部分，就像是指甲或膝蓋一樣。我們的情緒無法被抹滅或是被否定，就像我們不能消除或是否認我們的飢餓、口渴，或是手肘和耳垂。

爲什麼人類會演化出情緒呢？有時，特別是對那些遭受童年情感忽視的人來說，情緒感覺起來就像是一種負擔。如果我們和朋友吵架的時候可以不難過；如果有人超我們的車，我們可以不生氣；或者，如果我們在面試一份工作之前不那麼緊張，這樣不是很好嗎？從表面上來看，如果我們可以不用去感覺，事情似乎會容易一些。但是我相信，如果我們沒有情緒，生活也不會變得比較好。事實上，生活會因此而無法繼續下去。

情緒對於生存而言有其必要。情緒會告訴我們是不是處於危險之中，是不是該逃跑或者是要放手一搏，以及有什麼東西值得我們放手一搏。情緒是身體與我們溝通、驅使我們去做某些事情的方式。

關於情緒的作用，以下舉出幾個情緒作爲例子：

情緒	功能
恐懼	要我們逃跑／自保
憤怒	逼迫我們反擊／自我保護
愛	驅使我們關心伴侶、孩子和他人

情緒	功能
熱情	驅使我們繁衍下一代、創造和發明
受傷	促使我們改善某個情況
悲傷	讓我們知道自己正在失去重要的東西
同情	催促我們幫助他人
噁心	告訴我們要避開某個東西
好奇	驅使我們去探索和學習

這樣你應該就知道了：每一種情緒之所以存在，都有其目的。情緒是相當有用的工具，可以幫助我們適應環境、生存並且繁衍後代。那些受到童年情感忽視的人在無意中受到訓練，試圖去抵銷、否定、壓抑這個無價的內建反饋系統，並且在某些情況下，對於自己擁有情緒這件事感到丟臉。由於他們沒有傾聽自己的情緒，相較於其他人，就生存的運作而言，他們會處於比較不利的地位。如果一個人把這麼重要的訊息來源推開，他將會變得脆弱，而且就潛能來說，其生產力也會降低，並且無法完整地體驗人生。

不過，情緒除了驅使我們做某些事情，它還有更多的功能。譬如情緒會爲人與人之間的關係帶來養分，爲生命賦予深度和豐富的內涵，讓生命變得有價值。關於「生命的意義是什麼」這個問題，我相信深度和豐富的內涵就是最好的解答。與別人的連結能夠幫助我們抵禦空虛感以及存在性的焦慮。

2. 辨認並說出你的感覺

還記得案例41的凱爾嗎？那位我們在第三章提過罹患述情障礙的個案？凱爾的問題中最重要的部分，就是他對於自己的情緒渾然不覺。對於遭受童年情感忽視的人來說，某個程度上，他們的確無法察覺自己的情緒（雖然不一定會那麼嚴重）。你可能還記得，凱爾累積的情緒整個糾結在一起、被壓抑到內在深處，然而卻僅僅以憤怒和暴躁的形式表現出來。

如果情緒被壓抑到看不見的地方或是被忽略，它們可能會做出各種有趣的事。它們會：

- 變成具體的症狀，像是腸胃不適、頭痛或是背痛。
- 變成憂鬱症，造成飲食、睡眠、記憶、注意力和社交孤立等相關問題。
- 侵蝕你的能量。
- 讓你不定時地情緒失控，或是無緣無故就爆炸。
- 使得焦慮症或恐慌症惡化。
- 讓你的戀情和友誼停留在表面、缺乏深度。
- 讓你覺得空虛和不滿。
- 讓你質疑自己活著的目的和價值。

要阻止或是預防上述這些事情發生，第一步就是學著去辨認你的情緒，並且用語言將它們表達出來。如果你能說出「我覺得很難過」、「我感到很挫折」、或是「你做了那件事情讓我覺得很受傷」，你會發現這樣的行動具有魔法般的力量。當你辨認出自己的情緒，並且用語言對自己或別人表達出來，你便握住了方向盤、一腳踩上了油門。你從自己的內在把某些東西拿出來，讓未知變成已知。你成了自己的主人，充分利用了你的寶貴資源：你的情緒，那是你生命中的燃料。

3. 更細微的覺察並記錄你的感覺

辨認自己的感覺，並且用語言表達出來是一個技巧。就像其他技巧一樣，你必須練習，而且努力去培養它。在這裡我們會進行一個練習，讓你可以做到這一點。當你第一次練習時，自己一個人待在房間裡、遠離一切干擾是很重要的。

辨認感覺和表達感覺練習

步驟1：閉上眼睛，想像腦海裡有一個黑色螢幕。把所有的念頭都驅逐出去。把你的注意力放在螢幕上，將注意力轉向你的內在。

步驟2：問自己：「我現在有什麼感覺？」

步驟3：把注意力集中在內心的體驗，留意任何可能浮現腦海的念頭，並快速地把它們擦掉。持續把注意力放在這個問題上：「我現在有什麼感覺？」

步驟4：試著利用感覺詞彙把感覺表達出來。你可能需要使用一個以上的詞彙。

步驟5：如果你在辨認感覺時遇到困難，快速看一次299頁的「感覺詞彙表」，看看能否找到一個或是一個以上適用於你的感受的詞彙。

步驟6：當你認為某個感覺詞彙準確地描繪出你的感受，你就可以開始進行下一步，亦即試著釐清「為什麼」你會有這樣的感覺。

現在問自己：「為什麼我現在會覺得________？」

對許多人來說，要找出某個感覺背後的原因可能非常困難，對於那些受到童年情感忽視的人而言更是如此。所以，現在讓我們舉個例子來說明可能的作法。讓我們假設你辨認出來的感覺是「悲傷」。

再一次，閉上你的眼睛，把你的注意力轉向內在。如果有需要，問問自己下面的問題，好讓你對這個感覺有更多的認識。

●「在目前的生活中，有什麼事情可能會讓我感到悲傷？」

●「最近有發生什麼讓我難過的事情嗎？」

●「最近有什麼事情喚醒了過去令人悲傷或是困擾的回憶嗎？」

●「這種悲傷感覺起來熟悉嗎？」

●「過去我是不是經常會有這種悲傷的感受？」

●「如果是，發生的時間點是什麼時候？爲什麼？」

●「那是一種經常潛伏在我心裡的感覺嗎？」

●「如果是，那麼在我的過去，最早觸發這種感覺的原因是什麼？」

這個練習看起來好像很簡單，其實並不然。對受到童年情感忽視的人來說，要他們自己一個人好好坐著會非常困難，不過對於這個練習，這是一個必要的要求。如果你剛開始嘗試的時候覺得這個練習頗有難度，或是覺得自己根本就做不到，請你一定要繼續試試看。有些人覺得先去上瑜伽課或是靜心課相當有幫助，因爲它們可以幫助你培養內在專注的技巧，而這個技巧就是這個練習的重點所在。你在迫使你的頭腦去做一些對它而言相當新奇的事情。從根本上來說，你是在打造一個全新的神經網絡，隨著每一次練習，它會變得更強壯、運作得更順暢，即使你在練習時感覺沒有那麼成功。

使用以下的感覺清單作爲範本，把你的感覺記錄下來，每天至少三次。這麼做的目的在於讓你能夠漸漸地把注意力轉向內在，如此一來，當情緒出現時，你就可以自然而然地與它們連結。

當你開始發展出對於情緒的覺知，你將能夠運用情緒賦予你的完整力量，從中獲得極大的解脫，而不必再耗費那麼多毀滅性、沉重的力氣去壓抑它們。

感覺清單

*記錄你的感覺，一天三次。如果有需要，可以使用299頁的感覺詞彙表。

星期日			星期一			星期二		
早上	下午	晚上	早上	下午	晚上	早上	下午	晚上

星期三			星期四			星期五			星期六		
早上	下午	晚上	早上	下午	晚上	早上	下午	晚上	早上	下午	晚上

記得要調整這張感覺清單，讓它適合你自己的需要。就像我之前說的，這不是一種一體適用

的方法！如果你覺得執行上有困難，或是害怕自己做得不夠好，請回頭看看第五章。

現在你已經找到自己的情緒，所以讓我們來看看要怎麼運用這些情緒。

4. 接受並從感覺中找到能量和指引

如果你曾經遭受過情感忽視，你很有可能無法接受或是信任你自己的感覺。有些遭受童年情感忽視的人完全無法覺察到情緒的存在（像是案例41的凱爾），還有一些人會壓抑情緒，因爲他們有個深植於內心的想法，認爲有感覺是錯誤的、可能會造成別人的負擔、或是讓他們變成壞人。請謹記以下三個原則：

原則1：感覺沒有對或錯

情緒本身沒有好壞、對錯、道德或不道德的分別。每個人在某些時刻都會擁有比如憤怒、嫉妒、仇恨、破壞性或是優越的感受，大部分的人甚至有過殺人的念頭。這些感覺本身並沒有錯，也不會讓我們變成壞人。重點在於，當我們在面對這些情緒的時候要怎麼做。不要因爲你的感覺而批判自己，而是用你的行爲來評斷自己。

原則2：感覺之所以存在，一定有個好理由

情緒沒有邏輯可言。它們可能看起來莫名其妙或是無法預測，但是如果你盡力試試看，便會

發現每一種情緒背後都有一個原因。每當某個情緒浮現，都是身體在試圖向我們傳達某個訊息，不管那個訊息看起來有多奇怪。

舉例來說，讓我們回顧案例39的大衛。他是個四十幾歲的商人，童年時期幾乎沒有受到任何管束。有一次大衛告訴我，他偶爾會因爲在餐廳看到陌生人用餐，突然感覺到一陣無法忍受的噁心和嫌惡。他對這樣的感覺一點頭緒也沒有，而且很擔心這可能意味著他瘋了。後來在我們對於童年情感忽視進行了廣泛的探索之後，終於找到原因：大衛頭腦的邊緣系統在他不知道的情況下，把吃東西，也就是攝入食物這件事，與滋養畫上等號。大衛自己並不太享受吃東西這件事，所以他沒有辦法讓自己享受食物的滋養以及情感上的滋養。在無意識之下，每當他看見有人卸下自己的防衛，讓自己享受食物、攝入滋養，他就會覺得噁心。在這個例子當中，大衛的感覺表面上看起來非常不理性且毫無意義，不過事實上卻有著深刻的意義，而且這種感覺之所以存在有個很好的理由。

原則3：你有能力調節強烈的情緒

隱藏起來的情緒，通常對我們有很大的控制力。如果我們能夠覺察某個情緒，我們就能掌握它。因爲大衛發現自己受到強烈噁心感的擺佈，所以他有時候會避免到餐廳吃飯，藉此迴避這種狀況。當他瞭解這種感覺的源頭，並且沒有因爲自己有這樣的感覺而批判自己，他就來到一種全然覺知與接受的狀態。他開始擊退這種感受，於是噁心感就失去了力量，最後便完全消失了。

IAAA練習

IAAA聽起來就像是退休基金的名字，但它並不是。IAAA代表：辨認(Identity)、接受(Accept)、找到原因(Attribute)、行動(Act)。這些步驟結合了前面提過的三個原則，透過這四個步驟，我們可以完整地運用情緒的價值，從中找到能量和指引。

首先，辨認你的感覺。第二，接受它，且不要評斷它的對錯。第三，試著去釐清感覺背後的原因，或是找到它的起因。第四，看看這個情緒是不是要你採取某個行動，如果是的話，就採取適當的行動。

你現在有什麼感覺？閉上眼睛，問自己這個問題。如果答案是「壓力很大」，不要絕望。跟情緒交朋友的過程看起來可能有點複雜，甚至是不可能的任務，但是你要相信自己能夠做得到。是的，這會花一點時間，不過如果你堅持下去，就會發現自己已開始產生某些小小的變化。這些變化可能很細微，而且一開始看起來好像不太重要。不過，每一次當你對自己的情緒產生了新的理解，就意味著你正在成長和學習。如果你覺得自己掙扎萬分或是想要放棄，我建議你尋求治療師的幫助。一個有技巧的治療師可以幫助你建立這些技巧，讓你能夠完整地與自己的情緒連結，把注意力放在當下，恢復活力。

5. 帶著覺知，有自信地表達你的感覺

請記得，情緒本身不是壞的東西，重點在於我們怎麼運用這些情緒。要駕馭並運用我們的能量，其中一個非常有效的方式就是把它們適當地表達出來——不是以消極或激進的方式，而是用一種帶著慈悲和自信的方式來表達。「自信」一詞經常被運用在商場訓練和會議當中，這個詞彙意味著當你帶著自信來表達某一件事情，會使得其他人更願意把你的話聽進去。為了培養眞正的自信，你必須具備同情心和感同身受的能力，那是一種可以覺察你要說的話可能會對別人造成什麼影響的能力。

假設你很認眞地執行了辨認情緒和表達情緒的各個練習步驟，你就會在生氣時變得更加有覺知。如果有一天你在排隊等電影開場，有個討厭的傢伙插隊跑到你前面，此時，有自信的處理方式不是把自己的憤怒隱藏起來，不是私底下對朋友抱怨兩句，你也不會對著這個傢伙大吼大叫要他滾蛋（雖然你可能很想這麼做）。相反地，你會拍拍他的肩膀，即便知道你可能會讓他覺得難堪，仍帶著正念及同情心，小聲但堅定地告訴他：「先生，不好意思，不過排隊的地方在後面那裡。」或許他會乖乖地按照規矩排隊，但是他當然也有可能不會這麼做。不過這裡的重點在於把你自己的感受表達出來，而不是壓抑在心裡面，讓它們在你的心裡持續作亂。雖然你無法控制別

人的回應，不過如果你表現出自信，那麼不管對方做了什麼或是沒做什麼，你都會因爲採取了適當的行動而覺得比較舒服，你的憤怒不會被壓抑，徒然讓你在事後覺得頭痛或是背痛。

讓我們再來看看另外一個例子。假設今天是星期五，你很期待晚上要和朋友貝茜見面。然而就在下班前，老闆把你叫到她的辦公室，告訴你她對於你在目前這個案子的工作表現有點失望。她說你得要更努力才行，不然她就要把你從這個案子踢出去。在丟給你這些負面意見之後，她說你可以走了，並且希望你可以好好「享受」這個週末。因爲剛剛接收了那些意料之外的碎碎念，你的心情跌到了谷底，所以你帶著陰鬱的情緒去見貝茜。

在這種情況下，你必須做個抉擇。選擇一：你可以因爲覺得丟臉，或是因爲想要把這件事拋到腦後、好好享受這個夜晚，所以決定不要把這件事告訴貝茜。選擇二：你可以告訴貝茜發生了什麼事。

如果你選擇第一種作法，這件事很有可能會反咬你一口，因爲你沒辦法對貝茜隱藏你沮喪的情緒，以致讓她整個晚上都在猜，爲何你今晚不像平常那般風趣。你可能會喝許多酒，顯出一副鬱悶的樣子，或是以某種方式把氣出在她身上。

如果你選擇第二種作法，以下是事情可能進展的方式：

「貝茜，我眞的很高興今晚可以和你一起出門走走。我眞的需要轉移注意力。我覺得很沮喪。你不會相信我今天在工作的時候怎麼了。我覺得老闆不瞭解我，她沒有重視我對這個案子的付出，這讓我覺得很生氣。」告訴貝茜發生了什麼事以及你的感受，聽聽她的想法，讓她給你一點安慰，或者只是靜靜地聽你說。在你和貝茜談過以後，她會覺得和你更加親近，你也不用把這些事情藏在心裡面，或許因此更能把它放到一邊，好好享受這個夜晚。

請注意這裡有一個重點，那就是貝茜並沒有幫助你解決問題，她只是傾聽。這種讓你變得舒服一點、可以好好面對人生的魔法，就在於用語言把你的感覺表達出來，然後與另一個人分享。如果你從來沒有體驗過這種作法帶來的魔力，那麼你必須試試看，這相當重要。如果你覺得自己沒有辦法和家人或朋友分享你的感覺，你可以尋求專業治療師或諮商師的幫助，他們所接受的訓練就是要幫助你學習這樣的過程。

上述的原則可以應用在所有的情緒上面，比如缺乏自信、不滿或是背叛。只要你可以辨認情緒、接受情緒、找到原因，你就可以採取行動。你可以用文字來描述你的感覺，適當地把它表達出來。有時，在某些情況下，你只需在自己心裡把它表達出來就夠了（或許在那個情況下，這是最好的作法）；有時，最好對沒有直接涉入其中的第三方表達出來；另外有些時候，你必須直接對牽涉在其中的人表達你的感受，這裡就是需要自信的地方。

市面上有許多以有自信地表達爲主題的好書，請參考298頁，我推薦了一本書，它可以幫助你學會以一種自信而又體恤對方的方式來表達你的感受。

6. 在關係中，肯定並分享你的感覺

在關係中，受到情感忽視的人經常會抱持著某種與情緒相關的錯誤信念。以下是幾個具代表性但是稍嫌簡略的例子：

- 把你的感覺和困擾告訴別人，會造成他們的負擔。
- 把你的感覺和困擾告訴別人，會把他們嚇跑。
- 如果你讓別人知道你的感覺，他們會利用這點來攻擊你。
- 把你的感覺告訴別人，會讓你顯得軟弱。
- 讓其他人知道你的弱點，會讓你處於不利的地位。
- 如果你想和別人維持良好的關係，最好不要跟對方吵架。
- 談論問題沒有什麼用，只有行動才能解決問題。

幸運的是，這些信念沒有一個是眞的。事實上，它們每一個都是天大的錯誤。（唯一的例外是，如果你和另一個遭受童年情感忽視的人分享你的感受，他可能會不知道該如何回應。）當你在成長過程中不斷地接收到直接或間接的訊息，要你把感覺藏在內心深處，自然而然地，你會認爲這些感覺是其他人不想要的負擔。這一節的重點就在於克服這樣的假設。如果你不能放下這些信念，它們就會在你生活中的各個層面扯你後腿，尤其是你與別人的關係這個面向。

首先，讓我們來聊聊各種關係。

友誼

當你閱讀上述的故事——老闆的批評，還有和貝茜的晚上聚餐——我把你向貝茜坦承自己的情緒當成是一件正面的事情，對於這樣的預設，你會覺得難以接受嗎？如果你眞的面臨這樣的狀況，你會因爲認同上面列出來的七個信念（或是上面沒有列出來，但是你自己抱持的某種信念），所以把煩惱留給自己嗎？如果是這樣，只有一個辦法可以讓你了悟眞相，那就是去試試下面的方法，我稱之爲「喬治・科斯坦薩實驗」（George Costanza Experiment）。

一九九〇年代，《歡樂單身派對》或許是電視上最受歡迎的一部情境喜劇。其中一集，喬治・科斯坦薩這個角色，一個典型的失敗者，決定花一整個星期來做一些與自己平常的作爲完全相反的事。當一個迷人的年輕女子問他住在哪裡，他一改平常實話只說一半、還有迂迴地暗示對方自己很成功的習慣，告訴對方：「我現在沒有工作，而且我和父母一起住在皇后區。」這種作法相當滑稽可笑，但它爲喬治開啓了一個全新的世界。他因爲這麼做而得以和好幾個女生約會，也得到另外一些正面的收穫。

講到分享你的感覺這件事，我們進行喬治・科斯坦薩實驗的意圖，就是試著去做一些跟你平常的作爲正好相反的事，然後看看事情會如何發展。比如說，告訴貝茜你的問題，看看這能不能有助於調節你的情緒；看看她會不會利用這點做出傷害你的事；看看她是不是會被你嚇跑；看看她會不會覺得你的情緒對她而言是一大負擔，因而破壞了她美好的夜晚；看看她會不會因爲這樣而覺得你很軟弱。這麼做意味著讓別人看見、聽見你的感受，看看這件事會爲你帶來傷害或是幫助。你可以試著勇敢地與朋友爭論某個問題，而不是把它推到一邊，然後看看這麼做會不會對你的友誼造成毀滅性的傷害。

在任何狀況當中，沒有什麼事情會讓你顯得愚蠢至極。有些友誼可能沒有辦法熬過建立情感深度這樣的挑戰，不過換句話說，這樣的友誼品質也不是很好。所以大體上來說，如果你繼續嘗試喬治．科斯坦薩實驗，我很有信心，你將會發現自己的關係變得更堅固、更深刻，你會覺得更加平靜、心裡更加踏實，其他人也會覺得你是個堅強的人，而不是個弱者。

受到童年情感忽視的人通常會成爲很好的傾聽者，但是他們不太擅長說話，特別是說一些與自己相關的事情，因爲這會讓他們失去生命中重要的支持來源。畢竟，情感上的連結是生命的要素，讓生命值得活。它是漂亮蛋糕裡頭的糖，是人類的心跳。

現在讓我們繼續談下去。

婚姻

在我的診療室裡，我見過一對又一對的伴侶，其中一方對於婚姻關係有著強烈的不滿，卻又說不出爲什麼。讓我們回顧一下案例26的崔西和提姆，也就是第二章裡「成就與完美導向型父母」的個案。崔西說：「我試著和他談這件事，但是他把我拒於門外。我知道他處於一種悲慘的狀態中，我想幫忙，卻愛莫能助。」通常不快樂的配偶會說：「他沒有暴力傾向，不喝酒，收入也不錯。但是和他在一起我就是不快樂，就是缺少了某種東西。」有些人會說他們需要更多的親密感，但是伴侶無法提供。然而當他們的伴侶問「更多的親密感」究竟是什麼意思，對方通常沒有辦法回答。

他們眞正需要的是彼此在情感上有所連結的感覺：一種受到伴侶瞭解，他們也瞭解對方，因此能夠自然而然地感受對方這樣一種感覺。因爲情感連結是生命的元素，是將關係維繫在一起的膠水，也是讓關係持續保持溫度的燃料。如果在一段關係中兩個人不會吵架，那麼這段關係就會失敗並告終。在情感上眞的有所連結的伴侶，會讓彼此知道他們感到受傷、生氣，並且在必要時吵一架，藉此把事情攤開來講。這種願意表現脆弱的行動能夠維持彼此之間的熱情，避免有朝一日必須去找心理醫師或是上離婚法庭。

你在前面讀過與維持友誼相關的內容，那些要點同樣可以應用在戀愛關係當中。只要雙方都保持興趣，友誼就可以維持下去（至少可以維持一段時間）。戀愛關係不只需要情感上的連結，而是要建立在這種連結之上。感覺是戀情、愛情和長期關係的基礎。

要在你的婚姻當中建立情感上的連結，以下是我的建議：

1. 每天練習辨認情緒和表達情緒。
2. 遵循IAAA四步驟（見191頁）。
3. 面對伴侶時，練習運用帶著體恤對方的自信態度來表達自己的情感。
4. 問問題！問你的伴侶問題，聽聽對方怎麼說，接著繼續問問題。請參閱以下說明。

水平式提問法與垂直式提問法①

並不是所有的問題都一樣，有的問題比別的問題更有力量。那些可以與自己的情緒連結的人，似乎天生就知道該怎麼提出有力量的問題。他們知道要問哪些問題，才能讓他們接近一個問題或是一個人的核心。在情感上受到忽視的人，由於種種我們已經討論過的原因，通常都沒有這樣的技巧，除非他們特地去培養。

要趨近某件事或是某個人的核心，除了運用水平式提問法，還要練習垂直式提問法。水平式問題的用意在於獲得訊息，垂直式問題的作用則是在於促進瞭解。舉例來說，讓我們假設你的丈夫去探望他年邁的母親，回家後他看起來一臉鬱悶，很自然地，你首先會這麼問他：「這次去拜訪你母親，一切都還好嗎？」他回答：「還好。」

在這樣的情況下，水平式提問如下：

問：「你媽還好嗎？」

答：「還好。」

問：「她今天有出門嗎？」

答：「去了商店。」

原註：

①Sharon Jacques, PhD., Psychological Care Associates, Couples Training Seminar, 2002.

問：「她喜歡我上星期送過去的湯嗎？」
答：「喜歡。」
問：「她看起來好嗎？」
答：「就像平常一樣。」
問：「她看起來鬱悶嗎？」
答：「她一直都有點悶悶不樂的。」
問：「你有告訴她，蘇西明天要在學校表演跳舞嗎？」
答：「有啊。」

注意在這一輪問答當中，水平式的問題幫你獲取了許多你想知道的訊息。你知道你的婆婆沒什麼事，她喜歡你的湯，和平常比起來沒有比較不開心，也知道蘇西要表演跳舞。水平式提問相當適合用來蒐集和交換訊息。據我估計，人與人之間的交流大約有百分之九十都是水平式問答。

不過在某些情況下，水平式問答就顯得有些不足。這樣的情況或許發生在你試圖更進一步瞭解某個人或是某個人的經歷，或是更深入地去探究某個議題。在接下來的例子裡，我們要回到你丈夫剛剛從母親住處返家的那個情境。不過這一次，你要就某個更複雜的問題尋找解答：你想知道爲什麼丈夫看起來那麼鬱悶。爲了找到原因，你必須用垂直式的方法對他展開詢問。

以下的例子可以用來說明在這個狀況下，你要如何進行垂直式提問：

問：「你看起來很鬱悶。你媽還好嗎？」

答：「是嗎？喔，她還好。」

問：「最近你去看完她以後都顯得有些低落。有發生什麼事嗎？」

答：（停頓，顯得若有所思）「我看起來很低落嗎？我沒有注意到。」

問：「她有說什麼話讓你不開心嗎？」

答：「沒有，我想應該不是因爲這樣。」

問：「你覺得去看她會讓你不開心嗎？」

答：（停頓，再次顯得若有所思）「我不知道，可能只是因爲看到她變得那麼老，而我不知道自己還能陪她多久。她看起來很虛弱，她自己一個人住讓我有點擔心。」

劇情急轉直下。垂直式提問幫助你的丈夫透過你的眼睛來看見自己，對這件事情進行更深入的思考，也更深入自己的感受，並且用語言把他的感覺表達出來、與你分享。現在他的感覺浮上檯面，你可以傾聽，幫助他面對這些感受、運用這些感受。也許他的情緒在告訴他，是多做點事情來照顧母親的時候。或許這些情緒在告訴他，他必須開始爲母親的離去做好心理準備。

在眞正的垂直式提問當中，傾聽對方的回答是非常重要的。你的下一個問題應該要讓對方的注意力往自己的內在移動，讓對方的注意力更深入自己的情緒。在進行的時候，一定要帶著關心和體貼。如果你正確地提問，這個方法便能夠幫助你更趨近問題的核心與對方的內心。

我在這一節所列出來的步驟，可能會讓在一段關係中辨認情緒、瞭解情緒、肯定情緒這件事看起來很簡單。不過事實並非如此，要這麼做相當困難，即便對那些沒有受到童年情感忽視的人來說也是一樣。如果你或是你的伴侶曾經遭受童年情感忽視，你必須得加倍努力才行，而且在進行這些步驟時，你可能需要額外的協助。請參考298頁，我推薦了泰倫斯・瑞爾的著作，這本書能夠幫助伴侶在情感上建立連結，並且提供相關的協助。

我知道你很可能不想尋求外人的協助，但是如果你在發展這些技巧的過程當中遇到問題、或是受到阻礙、或是在第七章的步驟上遇到困難，我希望你可以考慮尋求專業人士的幫助。

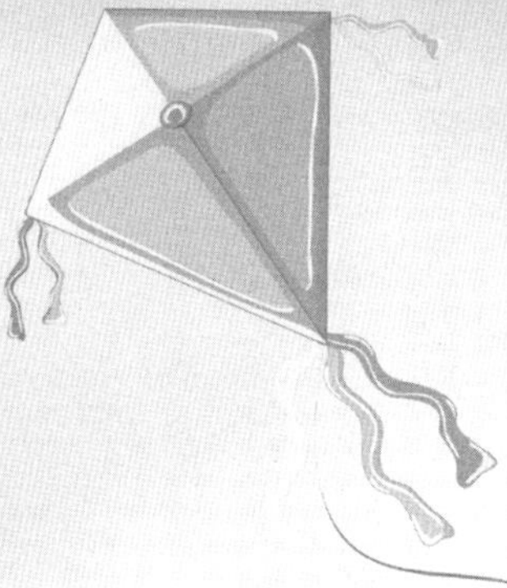

7

照顧自己需求的技巧和改變清單

一提起照顧自己和自己的需求，對於那些受到情感忽視的人而言，有四個要點是他們經常無法做到的。童年遭受情感忽視的成人通常不知道自己有什麼需求，他們不只覺得自己想要的東西、需求和感覺無關緊要，而且他們完全看不見這些東西。我們將在本章討論以下四個主要面向：第一，學習滋養和接納自己；第二，建立平衡的自我紀律；第三，給自己滿滿的安慰；第四，體貼自己的情緒。

在兒童時期，如果父母給了你「足夠的」滋養和規範，你便能自然而然地運用上述四個技巧。身爲小孩，如果父母對於你的感受有「足夠的」同情和共感，成年以後，你也會將同情和共感用在自己身上。如果在親子關係中，父母給予你「足夠的」親密、滋養和接納，成年以後，你也會有能力去享受親密關係。

如果你在成長過程中遭受情感忽視，那麼這些對於別人來說看似自然而然的能力，將成爲你必須在成年以後特別去培養的技巧。要發展任何技巧都需要花費一番力氣，付出時間和有意識的努力。在這一章，我們會談談這樣的技巧有哪些、它們有什麼意義，以及你要如何爲自己培養這些技巧。

一開始的時候，或許每個技巧感覺起來都很陌生，你在嘗試時可能會覺得自己很笨拙。不過關鍵就是不管你有什麼感覺，都要繼續嘗試。這是少數幾個我要你忽視自己感覺的片刻！不管發展什麼技巧，都需要你堅持不懈，我向你保證，你的堅持最終必會獲得報償。

當你閱讀這一章所提到的技巧，你會看到我特別設計的追蹤表格，也就是「改變清單」，它適用於所有的技巧，除了最後一個。在練習這些技巧並使用改變清單時，請注意，如果你試圖一次練習所有的技巧，可能會對自己造成太大的負擔。我建議你一次熟悉一個技巧。如果可以，請依照我在本章列出來的次序進行。最多一次進行兩個不同技巧的練習。除非你對於正在進行的練習已經胸有成竹，否則不要開始練習另一個技巧。如果某個技巧對你而言不適用，你當然可以跳過它，接著再去進行你覺得適合的技巧。記得不要太心急，最好是讓自己把全部的努力投入於單一的技巧，而不是在同一段時間內把注意力分散到各個技巧當中。

我們即將在這一章談論的所有技巧都不太容易精通，許多人花了好幾年的時間才能夠掌握它們。當你在使用「改變清單」時，重要的是給自己足夠的時間、理解和自我照顧。要對於自己的進步感到驕傲。當你不小心偏離目標，不要生自己的氣，只需慢慢地讓自己回到原來的軌道就好。

當你在閱讀這一章並使用「改變清單」時，很可能會需要一些幫助。在這個過程中，如果你需要支持、小訣竅和協助，請參考我的網站 www.drjonicewebb.com。

1. 學習滋養和接納自己

你可能在想，這究竟是什麼意思？「滋養」一詞具有好幾種不同的意義。在這裡，我所談論的滋養，意思是採取必要的步驟來幫助自己擁有健康、快樂的生活。如果你很健康而且能夠享受生活，你便能敞開心房，對身邊的人散播正面的影響。你的健康和幸福會產生漣漪效應，擴散到你的伴侶、孩子、朋友、以及所有接觸你的人身上。

身為一個遭受情感忽視的人，你可能相當會照顧別人。不過，現在是開始注意你自己的需求並照顧你自己的時候。要滋養自己，你可以遵循下述四個步驟。

步驟一：優先把自己擺在首位

讓我們先來練習把自己擺在第一位。什麼？你說這樣叫作自私？事實並非如此！當你既健康又強壯，你便能隨心所欲地以一種更豐富、更深刻、更健康和更堅強的方式來為別人付出。我喜歡以這種方式來思考：搭飛機的時候，我們很少會去聽安全宣導廣播。在廣播中，空服員會提醒你，如果座位上的氧氣面罩落下，成人應該要先確定自己已戴上面罩，之後再去幫助別人。這樣的要求合情合理。如果你自己連呼吸都有困難，必然沒有辦法好好地幫你的孩子戴上面罩。這樣的規則也適用於一般的生活情境。一旦你先讓自己獲得安穩，你才能更有效率地去幫助其他人。

在你開始練習把自己擺在第一位時，你可能會遇到一些阻力。令人訝異的是，阻力通常是來自與你親近的人。這樣想想看：那些最瞭解你的人都期待你以特定的方式表現，比如說，他們知道如果自己要請你幫忙，你都會說好。當他們第一次聽見你說「不」時，一定會有些吃驚。他們可能會生氣，並以某種方式對你表達出來。請記得，這是改變的正常過程。

對於要改變的那個人或是他們的親朋好友來說，改變不會來得那麼容易，就算是健康和正面的改變也是一樣。有時候對親近的人解釋會有幫助，告訴他們你正在學著照顧自己，所以從現在起可能會表現得和以前不太一樣。事情可能需要調整一下，但是對於那些真正在乎你的人來說，他們最後一定會願意跟著你一起做些調整，並且對你的作法表示尊重。

要學著把自己擺在第一位，有一些基本原則可能會有幫助，所以我把它們列在下面。當你練習這個技巧時，你可能會覺得有些基本原則遵循起來比較容易、有些則比較困難。當你看完後，記得想想看，你在執行哪個原則時可能會需要額外的協助。我在這裡納入了一張改變清單，以幫助你進行單一技巧的練習。

學會說「不」

毫無疑問地，你的親朋好友都很瞭解你，他們知道當他們有需要的時候，你會在那裡支持他們，因爲這就是受到情感忽視的人會做的事。你對於其他人有著豐富的同情心，讓你覺得自己必須答應朋友、家人、小孩或是老闆的要求。

當然，對他們說「是」並沒有什麼不對，這對於正面的關係和生活的進步來說是必須的。但是如果你覺得自己必須要有很好的藉口才能拒絕別人的要求，不然就得答應對方，這就會造成問題。最終，你可能會過度犧牲自己，承諾別人去做那些你不一定有時間或是有能量去做的事。將自己從這樣的窘境中釋放出來是很重要的，這樣你才能做出最適合自己的決定，同時也能好好地考量別人的需求。

表達自信的主要規則就是任何人都有權要求你做任何事情，但是你也有同樣的權力說「不」，而不需要給他們任何理由。如果每個人都可以這麼做——在有需要時自由地請求別人的幫助，並且按照自己的意願對別人說「不」——這個世界就會變成一個更美好的地方，人與人之間的界線會變得更清楚，我們的身上就不會背負那麼多不必要且毫無用處的罪惡感了。

如果你在說「不」的時候覺得有罪惡感，或者如果你發現自己說「是」只是因爲不好意思說「不」，那麼就去閱讀與表達自信有關的書籍（這類書籍有許多，請見298頁的推薦書單），並且開始試著克服這個問題。

在必要的時候把「不」說出來，不要有罪惡感或是因此而感到不安，這是自我照顧最重要的基石。

閱讀表達自信的書籍，能夠幫助你瞭解並擁抱這樣的概念。但願你可以改變自己的人生哲學。但是在你改變了自己的處世態度以後，你一定要接著改變自己的行爲舉止。

使用下一頁的「說不」改變清單，每天追蹤自己在面對那些超過你負荷的請求時，對別人說了幾次「不」。

「說不」改變清單

＊記錄你每天說「不」的次數

日期＼月份	一月	二月	三月	四月	五月	六月	七月	八月	九月	十月	十一月	十二月
1												
2												
3												
4												
5												
6												
7												
8												
9												
10												
11												
12												
13												
14												
15												
16												
17												
18												
19												
20												
21												
22												
23												
24												
25												
26												
27												
28												
29												
30												
31												

就像我在本書前面提過的，你越是做你不熟悉的事，它就會變得比較熟悉。隨著時間過去，這件事情會慢慢變成日常生活的一部分，彷彿它會自行運作，不需要你刻意爲之。

「說不」改變清單的重點不完全在於增加說「不」的次數，因爲不一定每天都會有那麼多適合說「不」的情境。

這份清單的用意是要幫助你對於行爲上的改變保持大概的記錄，也可藉此提醒你每天都要練習。當你知道自己每天傍晚都要做記錄，便很難會忘記自己正在練習說「不」。

請求幫助

請求幫助可以對治「反依賴」這個問題。對於受到童年情感忽視的人來說，這個症狀可能深植於他們的內心。

還記得第三章反依賴案例33的大衛嗎？大衛把父母「永遠不要有感覺，不要表現出感覺，也不要想從任何人那裡欲求任何東西」這樣的訊息，內化到自己的生命當中，即便成年以後，他還是根據這樣的訊息來生活。如果你在有生之年都沒有發現依賴別人並不是一種選項，而是一種必要，你就很難瞭解這一點。

關於請求幫助，還有一點是受到童年情感忽視的人很難面對的。如果你無法對別人說「不」，那麼你很有可能也無法請求別人的幫助。就表達自信而言，這兩者都是必要的。

那些受到童年情感忽視的人通常都生活在進退不得的困境中，因爲每當有人請求你的照顧或幫忙、甚至是提出社交邀請，你就覺得自己一定要說「好」，而且自然而然地認爲別人也是這麼想。此外，因爲你不想麻煩別人，所以也不好意思要求他們的照顧或幫助。就你的想法而言，在這個誰都不能對誰說「不」的世界裡，你一點贏面也沒有。因爲這樣的信念，你願意出手幫助別人，但是在你有需要的時候，卻無法要求別人來幫助你。你是否看得出來，這對你而言是個完全不利的局面？

要讓自己從這樣的束縛中釋放出來，你必須做的就是去瞭解：當其他人在說「不」的時候，他們一點也不會有罪惡感或是感到不安。其他人都知道如何自信地表達自己的感受。大部分的人在請求別人幫助時並不會覺得煩惱，在對別人說「不」的時候也是一樣。如果你可以加入他們，一個全新的世界就會在你面前展開。

使用下頁的「請求幫助」改變清單來做記錄，讓自己練習更頻繁地請求別人幫助，並且對於這樣的練習保持覺察。

「請求幫助」改變清單

＊記錄你每天請求別人幫助的次數

日期＼月份	一月	二月	三月	四月	五月	六月	七月	八月	九月	十月	十一月	十二月
1												
2												
3												
4												
5												
6												
7												
8												
9												
10												
11												
12												
13												
14												
15												
16												
17												
18												
19												
20												
21												
22												
23												
24												
25												
26												
27												
28												
29												
30												
31												

探索自己喜歡什麼、不喜歡什麼

在你的成長過程中，或許你並未經常思考自己究竟有哪些喜好。在面對問題時，比如：「你今天想做些什麼？」「你想吃披薩還是漢堡？」「這件襯衫，你要買綠色還是粉紅色？」「對於那件事，你覺得如何？」受到童年情感忽視的人很難知道自己想要什麼。

還記得第三章案例34裡那個有著不切實際自我評價的賈許嗎？當賈許還小的時候，很少有人問他這些問題，所以當他上了大學，他還是不知道自己的興趣在哪裡、自己喜歡什麼、或者哪個科系適合他。

在成長的過程中，根據父母引導你去接觸的各種有趣的事情，你可能會發現自己在某些領域有不錯的表現，但是對於另外一些事情則不太感興趣。

我在下面列出一些問題，可以幫助你釐清當你在瞭解自己的喜好時，是否有什麼盲點：

- 你最喜歡的食物是什麼？
- 你最喜歡的運動是什麼？
- 你最喜歡看電視上的何種運動轉播？
- 你喜歡運動嗎？
- 你對時尚流行敏感嗎？如果是，你屬於哪種時尚風格？
- 你最喜歡以什麼方式來度過星期六？

- 你目前的工作適合你嗎？
- 你最喜歡的電影類型是哪一種？
- 你喜歡哪種類型的書？
- 你能不能舉出一項你認爲自己擁有而且想要持續發展的天賦？
- 如果你可以到這個世界上的任何一個地方旅行，你會想去哪裡？
- 你有足夠的朋友嗎？
- 你喜歡自己的朋友嗎？
- 你最喜歡哪個朋友？
- 哪些事情對你而言輕而易舉？
- 你最不喜歡做哪些雜務？
- 你最不喜歡的活動是什麼？
- 你在做哪些事情的時候會花掉你最多時間？

我還可以繼續問下去，不過讓我們先停在這裡。如果你可以輕鬆地回答大部分的問題，那就太棒了！如果你回答得很辛苦，這就說明你大半輩子都把注意力放在外在世界，卻沒有傾聽自己內心的聲音。

照顧自己的一大重點就是瞭解你的喜好，知道自己喜歡什麼可以幫助你界定自己想要什麼，這樣當你的伴侶或是朋友問你：「晚餐去哪兒吃？要吃義大利菜還是希臘菜？」你就可以給他一個答案。當你能回答，不管對方同不同意，你都在「照顧自己」這件事情上踏出了重要的一步。

使用下頁的「喜歡和不喜歡」改變清單，寫下所有你可以歸類爲喜歡或是不喜歡的事物。舉例來說，這可能包括了地點、顏色、食物、活動、家飾風格、人、活動、或是你自己的心情。接著，在你每天進行這項練習的時候，如果有什麼新的想法，就把它們記錄下來。

當你發現自己的喜好，追蹤它們、記錄它們，這麼做不僅能幫助你覺察自己的感受，也能幫助你成爲這些感受的主人。

關於你喜歡什麼和不喜歡什麼，沒有所謂對錯的問題，它們如其所是，對你而言擁有其各自的作用和重要性。

「喜歡和不喜歡」改變清單

喜歡的事物	
不喜歡的事物	

優先讓自己快樂

當你在成長的過程中受到情感忽視，你可能會沒有足夠的視野來選擇一些可以爲你帶來愉悅的事情，也很有可能會把其他人的願望放在你的願望之前。或者，如果你的家庭資源不足，那麼你也不會有多餘的空間可以留給自己的興趣。如果你的父母是情感忽視父母其中的某一個類型，你在成年之後便可能不會去看重自己的快樂和享受。要改變這一點只有一個選擇，那就是把你自己放在第一位。

就某個程度來說，最後這個原則是前面三個原則的濃縮版本。爲了要給予「你自己的快樂」更高的重要性，你必須對那些會讓你偏離這個目標的要求說「不」。有時候你必須尋求別人的幫助，這樣你才會有足夠的支持和關係，可以讓你獲得某個能夠爲你帶來快樂的機會。而且你必須知道自己喜歡什麼，這樣你才可以追求它。

再一次，你可能會想：「如果我爲了追求快樂而把自己擺在第一位，這樣不會顯得我很自私嗎？」要知道，每個人都需要快樂，而且值得擁有快樂；你值得快樂，就像每個人都值得快樂一樣。有時候你必須對某個人說「不」，這樣你才能和另外一個人享受美好時光。這無關乎自私，重點在於平衡——給予和獲得之間的平衡，自己和他人之間的平衡。

不要害怕做一些必須把自己的快樂擺在第一位的選擇。跟大多數的人比起來，受到情感忽視的人很難變得自私，因爲他們在兒時已被教導要把自己的需求、希望和欲望放到一邊，所以他們離變得自私還有很大一段距離。

如果對你而言，總是最後才考慮自己的快樂這樣的習慣已經變得根深柢固，那麼光是決定要改變還遠遠不夠。下定決心是第一步，但是接著你一定得採取行動。

你知道事情會如何進行嗎？在「快樂優先」改變清單中，你會練習做各種不同的決定。下頁的表格可以幫助你在做各種決定時，去追蹤、覺察自己的需求。

如果你繼續練習這個技巧，一段時間之後，你就會開始變得熟練。你的大腦會開始自己做決定，把自己的需求擺在前面會成爲你的第二天性。在這樣的過程當中，你可能會訝異地發現，生活不再那麼地平淡與沉悶。

如果你可以把自己擺在第一位，那就太好了！因爲你必須對這點更加熟練，這樣才能在飲食、運動、休息、放鬆這幾個方面有所斬獲。這些都是身體層面的自我照顧，它們與你用什麼餵養身體、以及你如何運用自己的能量有關。

「快樂優先」改變清單

＊記錄你每天把自己的快樂放在第一位的次數

月份／日期	一月	二月	三月	四月	五月	六月	七月	八月	九月	十月	十一月	十二月
1												
2												
3												
4												
5												
6												
7												
8												
9												
10												
11												
12												
13												
14												
15												
16												
17												
18												
19												
20												
21												
22												
23												
24												
25												
26												
27												
28												
29												
30												
31												

步驟二：培養與食物的健康關係

並非所有忽視孩子情感的父母都會在飲食方面疏忽孩子的需求。不過就像我們之前談過的，父母很有可能為孩子提供了充足的食物，但是就飲食而言仍然在情感上忽略孩子。為孩子培養與食物的健康關係是父母的責任，但許多並未在情感上忽視孩子的父母也做不到這一點，因為他們自己和食物之間同樣沒有健康的關係，他們自然沒有辦法教孩子他們不知道的東西。不過在情感上忽視孩子的父母之所以會在飲食上面忽略孩子，原因就像他們在其他方面忽略孩子一樣。

在我們進一步談論飲食之前，請先回答下列問題，它們與你「成年以後」的飲食習慣有關：

是	否	
□	□	1. 如果你目前有伴侶或是小孩，你們多常坐下來一起用餐？
□	□	2. 你是否會注意食物的營養成分，並試著確保自己擁有均衡的飲食？
□	□	3. 你家是不是有很多垃圾食物？
□	□	4. 你是不是吃很多垃圾食物？
□	□	5. 你是不是仍然喜歡「兒童食物」，像是熱狗、雞塊和披薩？
□	□	6. 你有沒有要求自己攝取足夠的蔬菜和水果，比如每一餐都吃一點？
□	□	7. 你擅長烹飪嗎？
□	□	8. 你家是不是有發生過某一餐沒東西吃的狀況？

是	否	
□	□	9.你是不是吃很多冷凍或是預先包裝好的熟食？
□	□	10.你是否偶爾會忘記吃飯？
□	□	11.你經常會過度進食嗎？

先用「是」或「否」回答以上問題，再接著往下讀。等你完成上述問題，請接著回答以下和你「童年時期」飲食經驗有關的問題：

是	否	
□	□	1.在你的成長過程中，家人是否經常坐下來一起吃飯？
□	□	2.在你的成長過程中，你的父母是不是有讓你獲得均衡的飲食？
□	□	3.在你的成長過程中，當你在家時，會不會吃很多垃圾食物，像是洋芋片、餅乾、冰淇淋、糖果或甜食？
□	□	4.如果是，你的父母是否有嚴格監督你吃垃圾食物的數量和時機？
□	□	5.你是不是吃熱狗、雞塊和披薩長大的？
□	□	6.你的每一餐是否通常都有蔬菜和水果？
□	□	7.你的父親或母親會不會煮飯？

是	否	
□	□	8. 你家是不是有發生過某一餐沒東西吃的狀況？
□	□	9. 你家是不是經常吃冷凍或是預先包裝好的熟食？
□	□	10. 你在兒童時期會跳過某一餐不吃嗎？
□	□	11. 你小時候經常會過度進食嗎？

你大概有注意到，成人的飲食問題和童年的飲食問題有幾題是一樣的。回到前面的部分看看你的答案，我們在這裡要尋找的，是你成年後的飲食習慣和兒時的飲食經驗對應的程度爲何。把童年當成你人生的規劃階段，大部分的人在成年以後都會依循兒時所建立的習慣模式。

舉例來說，讓我們回顧一下案例14三年級的齊克，他放縱型的母親丟足球給他玩、給他冰淇淋吃，好讓他在面對老師的字條時不會那麼難過。不管在哪個文化，所有的父母都會利用食物來撫慰孩子。但是如果齊克的母親太常使用這個方法，或是在錯誤的時間使用這個方法，她就會在無意間引導孩子利用食物來控制自己的情緒。成年以後，他很可能會繼續這麼做，而這或許會讓他爲了錯誤的原因吃下錯誤的東西。不論如何，這並不是很健康的作法。

大部分的成年人都嚴重低估了父母對於自己兒時制約的影響力。身爲成人，我們覺得自己能夠進行自由的抉擇——我們自己的抉擇。實際上，父母在我們身上建立的制約非常強大。雖然要推翻這些制約不太容易，不過還是有成功的可能。你大概已經發現，在上述與飲食習慣相關的問題中，兒童時期的飲食習慣和成年時期的飲食習慣並不完全一致，這意味著你可能已經自己克服了這些童年時期的制約，不然就是因為其他生活經驗而有所改變。

身爲受到童年情感忽視的人，關於吃東西，或許有些面向是父母從來沒有教過你的。在這些方面，你只能自己想辦法，自己幫自己建立某些習慣。要說明這一點，讓我們回到第三章案例35的諾艾兒（她對自己不太有同情心），她從國中到高中，每天都要幫自己微波冷凍雞肉三明治當作早餐。她的父母並沒有照料她對於新鮮、健康食物的需求，所以她必須自己想辦法，於是她孩子氣的解決方法就成了她的制約。當我認識諾艾兒的時候，這樣的制約依然在運作——身爲大人，她和丈夫、孩子幾乎只靠冷凍食品和外賣食物過活。這說明了一件事：對於受到童年情感忽視的孩子來說，他們的自我制約就和他們父母給予的制約一樣頑強。

在回答兒童時期和成年時期的飲食習慣問題之後，關於你與食物的關係，你是否可以辨認出一些不健康的地方？你是不是早就掙扎著想要改變那些習慣？如果是，你會掙扎是可以理解的。要改變我們兒時的制約談何容易！當我們成年的時候，這些習慣不只是習慣而已，它們早就成了特定的生活方式。要改變生活方式很困難，但是絕對有可能，只是需要努力。我希望你可以瞭解，自己在飲食方面的某些問題乃是來自於童年情感忽視，因此希望你可以不再責備自己或是感到挫敗。重要的是，不要把精力浪費在這些負面的感覺上，而是要多花點力氣來體貼自己，並且創造改變。

要消除不健康的制約，你將會需要第六章中的自我照顧技巧：覺察你的感受、接受它們，並且與別人分享，這能幫助你避免因爲情緒的緣故而不正常地吃東西。

必要時就對別人說「不」，或是請求別人的幫忙，並且好好利用這些幫助，把自己的快樂放在第一位，這樣你就不會過度仰賴食物，在食物裡尋求獎賞和快樂。

使用下頁的「飲食習慣」改變清單來改變這一節所提到你認爲有問題的飲食習慣。最後，容我再說一次，記得要小心，不要試圖一次就想改變所有的習慣。

「飲食習慣」改變清單

*記錄你每天消除不健康習慣的次數

月份／日期	一月	二月	三月	四月	五月	六月	七月	八月	九月	十月	十一月	十二月
1												
2												
3												
4												
5												
6												
7												
8												
9												
10												
11												
12												
13												
14												
15												
16												
17												
18												
19												
20												
21												
22												
23												
24												
25												
26												
27												
28												
29												
30												
31												

步驟三：規律的運動

雖然各種研究發現都清楚且一貫地指出，運動是改善健康的重要步驟，然而大部分的美國人卻都不運動。根據亞特蘭大疾病管制與預防中心的說法，只有百分之三十五的成人會在閒暇之餘從事身體活動（二〇〇九）。人們之所以不聽從醫生和健康研究人員的優質建議有許多原因，不過如果你要培養一輩子的運動習慣，以下三個基本原則會讓你受益無窮：領悟並瞭解運動的價值和重要性；找到一個你可以享受其中的運動；培養良好的自我紀律。

現在，你已經對童年情感忽視與童年制約有一定程度的瞭解，所以，你應該知道受到情感忽視的人在面對上述三件事的時候可能會遇到更多的挑戰。

根據你的年齡，你可能曾經有機會、或者從來沒有機會去瞭解運動的價值。你的父母很可能也不瞭解這件事，因爲大部分與運動相關的研究都是近二十年來才開始的。一般來說，現在超過三十歲的人，可能是自己從某些地方得知運動的好處，而不是從父母那裡學習而來。父母沒有教導你運動的重要性並不是情感忽視的表現，但是如果你不知道這件事的重要性，你就很難開始運動。

如果在運動方面你並沒有受到情感忽視，你更有可能在童年時期就懂得享受某個運動或身體活動，並將這份喜愛延續到成年時期。舉例來說，如果你的家人會在週末時去滑雪或登山，或是如果你的家人支持你從事和享受某一項運動，像是棒球、足球或網球，你長大以後便能享受運動帶給你的快樂。當你發現某個運動能夠帶給你樂趣，你成年之後便比較能夠把運動擺在較高的順位。

對於受到童年情感忽視的人來說，自我紀律可能是他們培養運動習慣路上的一大障礙。在第三章的案例40中我們談過威廉，他的單親母親給了他無拘無束的童年，允許他可以不用做任何他不想做的事。如果你在成長的過程中受到太嚴厲或是太鬆弛的管束，你就沒有機會以一種健康的方式將自我紀律變成你行爲舉止的一部分。你無法學著去做一些你不想做的事情，以這一節來說，就是運動。你會在這一章接下來的部分學到更多與自我紀律有關的事。

關於前面所提到與運動有關的三個基本原則，讓我們先來回答一些和你的「成年」生活有關的問題，藉此評量你的狀況：

是	否	
□	□	1. 你認爲運動重要嗎？
□	□	2. 你覺得自己好動嗎？
□	□	3. 你是否能在某個運動或多個運動當中找到樂趣？
□	□	4. 當你不想動的時候，能不能強迫自己去運動？
□	□	5. 對於各種類型的運動，像是有氧運動、爬山、跑步、游泳、重量訓練、騎腳踏車，你是否能在其中一個運動或多個運動之中找到樂趣？
□	□	6. 你是不是應該多運動？
□	□	7. 大體而言，行使自我紀律對你來說是不是一件困難的事？

先用「是」或「否」回答上述七個問題，之後再往下讀。一旦你回答了所有的問題，再接著回答下列與你的「童年」相關的問題：

是	否	
□	□	1.在你的成長過程中，你的父母認爲運動重要嗎？
□	□	2.你覺得自己在兒時是個好動的小孩嗎？
□	□	3.身爲小孩，你是否能在某個運動或多個運動當中找到樂趣？
□	□	4.身爲小孩，你的父母會要你出門玩或是去從事某些需要動一動的事情，即使有時候你並不想去？
□	□	5.在兒童時期，你喜歡動態的遊戲嗎？
□	□	6.你覺得自己在兒童時期應該做更多的運動嗎？
□	□	7.大體而言，在你的成長過程中，你的父母就紀律來說，會對你管得太鬆（放縱型）或是太嚴（比如權威型）嗎？

在步驟二中，你已經回答過類似的問題，所以對你來說，去找出童年問題與成年問題之間的相似性，以及這些相似性所代表的意涵，應該會更加容易。

如果你從自己的回答中發現自己很好動，所以在這方面找不到什麼問題，那麼恭喜你，你屬於百分之三十五有運動習慣的族群。或許這樣的習慣是來自你的父母，或許這是你爲自己建立的健康習慣，不管是哪一個，你的身體狀況都很不錯。

如果你發現了某些與運動有關的面向是你需要多努力的，那麼記得要閱讀本章接下來要談的「建立平衡的自我紀律」，並利用下頁的「運動」改變清單來改變自己的行爲，讓自己能夠藉由運動來滋養自己。

「運動」改變清單

*在有運動的日期上打勾

月份／日期	一月	二月	三月	四月	五月	六月	七月	八月	九月	十月	十一月	十二月
1												
2												
3												
4												
5												
6												
7												
8												
9												
10												
11												
12												
13												
14												
15												
16												
17												
18												
19												
20												
21												
22												
23												
24												
25												
26												
27												
28												
29												
30												
31												

步驟四：擁有均衡的休息和放鬆時間

到目前爲止，我們已經討論過幾個重點：把自己擺在第一位、飲食和運動，另外一件很重要的事就是留意你自己的休息狀況。

我發現大部分受到情感忽視的人都會落入下面兩種狀況的其中之一：他們要不就是休息和放鬆得太少，不然就是休息和放鬆得太多。有些人會在這兩個極端之間擺盪，無法找到平衡。讓我們花點時間來看看受到情感忽視的人爲什麼會有這樣的不平衡。

可以感受孩子情緒的父母知道孩子什麼時候餓了，並且會盡力確保孩子吃點東西。這樣的父母也會知道孩子什麼時候累了，並且盡力確保孩子有獲得休息——不管孩子想不想休息。還有，有覺知、懂得觀察的父母不會爲了自己方便才讓孩子去休息；她會讓孩子照著固定作息來休息，並教導孩子如何有規律地、持續地照顧自己；或者當孩子顯然需要休息的時候，她就會讓孩子休息。這麼做能教導孩子辨認自己的疲倦訊號，以及在自己需要的時候，知道要如何讓自己休息。

透過觀察孩子和感受孩子的情緒，並且採取相應的行動，孩子就有機會自行把這些技巧內化成自己的一部分。長大成人以後，他就能夠感受自己的身體，他會辨認出自己的疲倦訊號，不管那是脾氣暴躁、沉默、迷糊、腦袋不清楚、或是其他的徵兆。當他自己能夠觀察到這些徵兆，他的腦袋就會靈光一現：「好了，休息放鬆的時間到了。」接著不管他是不是想要休息，他都會好好放鬆一下，就像父母在他小時候爲他做的那樣。要注意在這樣的狀況當中，其中一部分的重點在於，他可能要迫使自己做自己不想做的事，這是另外一個技巧，但是與這個情況有關。

所有的孩子偶爾都會有些懶惰。對於能夠感受孩子的父母，他們的工作就是注意孩子是不是懶惰過了頭。如果是的話，就要推孩子一把，讓他們去做些什麼事——不管孩子想做還是不想做。

一個六歲的孩子不該整天看電視，一個青少年也不該整天躺在床上用iPod聽音樂，不管是哪一種情況，都對孩子有不好的影響。經常允許孩子這麼做的父母，很有可能是爲了自己的方便。如果孩子沒有礙手礙腳或是製造麻煩，那麼就睜一隻眼閉一隻眼，這樣父母就自由了。當然，在這一點上沒有父母是完美的；最重要的是，父母自己做得夠不夠好。如果父母做得不夠好，孩子在成年以後便可能沒辦法強迫自己起床——不管他想不想起床。

讓我們拿自戀型和反社會型的父母作爲例子。就像我們在第二章提過的，這些類型的父母經常會讓自己的需求凌駕在孩子的需求之上，在這樣的狀況下，父母會要孩子在特定的時間休息，因爲父母自己也覺得很累，需要喘口氣；或是情況剛好相反，這樣的父母不允許孩子在他們有需要的時候休息，因爲這對他們不方便。

權威型父母可能會把孩子疲倦的訊號解讀爲孩子不尊敬父母、不愛父母，並且覺得自己受到冒犯或是受傷；離婚或喪偶的父母、成癮型父母、憂鬱型父母、工作狂父母、必須照顧生病家人的父母、以及爲孩子著想但是缺乏自覺的父母，他們可能因爲完全不在意孩子，所以讓孩子累倒或是筋疲力竭；放縱型父母因爲要試著避免衝突，所以不太會涉入孩子的需求到這種程度。成就與完美導向型父母可能會因爲自己的需求，而要孩子長時間地用功或是練習小提琴，以至於超過孩子體能的負荷。

在上述各種情況中，孩子的需求並沒有被滿足。他沒有學著瞭解自己的身體所發出的訊號，不知道當自己感到疲倦時，休息是很重要的，或者休息太多對他也不好。孩子也沒有學會克制自己的衝動，這是自我紀律最重要的一個成分。

如果你是一個受到情感忽視的人，對你而言，相當重要的是去判斷你的父母是否辜負了你，不管他們這樣做是爲你著想或者不是，並且敦促自己去改正這樣的錯誤。

你會讓自己過度地沉溺於休息的狀態中嗎？你是不是沒有讓自己得到充分的休息？你有沒有在這兩個極端之間游移不定？如果是，請多加利用下頁的「休息和放鬆」改變清單，開始學著去注意、調節自己對於休息的需求。還有，繼續往下閱讀接下來與自我紀律有關的單元。爲了能夠自我調節，這是相當重要的一部分。

「休息和放鬆」改變清單

＊在有休息和放鬆的日期上打勾

月份／日期	一月	二月	三月	四月	五月	六月	七月	八月	九月	十月	十一月	十二月
1												
2												
3												
4												
5												
6												
7												
8												
9												
10												
11												
12												
13												
14												
15												
16												
17												
18												
19												
20												
21												
22												
23												
24												
25												
26												
27												
28												
29												
30												
31												

2. 建立平衡的自我紀律

你一定有注意到「自我紀律」這個詞彙在本書裡不斷出現，這是因爲對於受到情感忽視的人來說，這是一個相當普遍的議題。雖然造成一個人無法行使自我紀律的潛在原因有很多，比如憂鬱症和過動症，我最常看到的原因還是童年情感忽視。許多受到童年情感忽視的人，都毫無顧忌地說自己是拖延者。有些人說自己很懶惰，他們經常努力地對抗吃太多或是攝取太少食物、過度消費、或是酗酒。就像前面提過的，許多受到情感忽視的人也沒辦法強迫自己去運動、做一些比較基層的工作、或是做一些無法立刻獲得樂趣或獎勵的事情。

這些聽起來可能像是一堆毫無關聯的事。事實上，它們都可以化約爲一個重點：強迫自己做不想做的事，以及停止做那些你不該做的事。這是受到情感忽視的人所面臨的一個典型困境。

在你讀過第三章案例40的威廉在面對自我紀律時的困境，還有這一章飲食、運動、休息和放鬆的說明之後，你可能已經知道爲什麼會有這種狀況。人類並非生來就能夠調節和控制自己，幸運的人才可以在童年時期就學到這些重要的技巧，比如這樣：

當你正在和鄰居小朋友一起玩時，你媽叫你回家，因爲晚飯時間或睡覺時間到了。她這麼做是在教導你一個重要的技巧：有些事情一定得在某個時間點完成，不管你喜不喜歡。當你爸規定你每個星期都要除草，接著以一種關愛但堅定的方式確定你已完成任務，他這是在教導你去做一些自己不想做的事，並且讓你知道這麼做的好處。你的父母要你一天刷兩次牙，拒絕讓你吃點心；每天放學以後都規定你得在「功課時間」內完成功課，不然你的功課總是做得馬馬虎虎的；

你的父母還是很愛你，但是他們規定你要早點回家，否則你總是輕易地打破規定。父母的這些作法和反應都會被孩子吸收進去，這麼一來，你不只能夠要求自己去做某些事情，也可以讓自己停止做某些事情。把父母的聲音吸收到自己的存在之內，成年以後，它們就成了你自己的聲音。

吸收到內在的「父母聲音」極爲重要，那些受到情感忽視的人經常無法感受到這個聲音。讓我們以第三章案例40與自我紀律有關的威廉作爲例子：威廉單親的母親深愛著他，她讓他在童年時期無憂無慮，不用做任何家事，在學校也不用負什麼責任。威廉是個聰明、討人喜歡、甚至迷人的男孩，每個人都希望他擁有美好的生活。因爲他聰明又能幹，所以就算他在學校表現不好，老師也不會苛責他。每當威廉想起童年，都說那是充滿樂趣、無憂無慮的時光，但是他不知道自己爲何在成年以後會出現生產力和信心的問題。他的妻子不懂他爲什麼無法調節自己的飲食、睡眠和工作時間，對於他不規律的生活傾向感到不解，比如說工作到次日清晨、睡幾個小時、跳過吃飯，並且在隔天的晚上七點就上床睡覺。但是威廉的生產力有問題，並不是因爲紊亂的作息所致，而是因爲他腦袋裡有個嚴格的聲音。當他在工作的時候，這個聲音經常會說他做得不好、做得不夠快、或是老闆一定會對他感到很失望。威廉花了很多時間對抗腦子裡這個嚴厲、批判性的聲音，進而導致他再也沒有力氣去完成任何事情。

你可能會好奇，威廉究竟是從哪裡得到這個聲音。畢竟，他的母親對他一點也不嚴厲。她沒有批評他、給他負面的評價、或是對他要求太高。問題就在於父母聲音的匱乏，因此，威廉必須創造自己的內在聲音。他不只缺乏規範自己的技巧，讓自己變得有生產力，他也不知道該對自己有什麼要求，或者該怎麼評斷自己的工作品質。他自己所創造出來的這個聲音並不是一種平衡、穩健、善於體諒的大人聲音，反而總是在嚴厲的批判和完全的放縱之間來回擺盪。這就是為什麼他的妻子對於他紊亂的睡眠時間、飲食習慣和工作規劃感到不解。

威廉內在的自律聲音相當游移不定，同時既嚴厲又放縱。對於受到情感忽視的人來說，有些人自己創造的內在聲音是比較好預測的，可能是全然的嚴厲或是全然的放縱。另外有一些受到情感忽視的人會試圖自我調節，為自己創造出成熟、適度、關愛並堅定的聲音。如果你是屬於最後面這一種，當你完成某個任務，你可以把功勞都歸為己有。如果你屬於前面幾個類型，不要絕望，你可以改變你內在的自律聲音。身為成年人，你可以藉著重寫你的大腦，重新在自我紀律這個方面教養你自己。你可以藉由一個簡單有效的方法來重塑你的大腦，我稱之為「三件事計畫」。

藉著練習並培養特定的技巧，你可以靠這些重要的硬體來重塑大腦，讓自己去做你不想做的事，反之亦然。

「三件事計畫」的運作方式為：每天都要做三件你不想做的事，或者讓自己停止做三件你不應該做的事。每一天都要把這三件事記錄在你的「自我紀律」改變清單上。

「自我紀律」改變清單

*每天記錄你的「三件事」：做你不想做的事，以及停止做你不應該做的事。

星期日			星期一			星期二		
早上	下午	晚上	早上	下午	晚上	早上	下午	晚上

星期六			星期五			星期四			星期三		
晚上	下午	早上	晚上	下午	早上	晚上	下午	早上	晚上	下午	早上

爲了讓你有個概念，我會給你一些我的個案與我分享他們所做的「三件不想做的事」，譬如說：洗臉、付帳單、運動、拖地、綁鞋帶、打電話、洗碗、以及開始某個任務。以下則是「讓自己停止去做的三件事」：不要吃惡魔巧克力蛋糕、不要網購漂亮項鍊、跟朋友聚餐時不要喝酒、不要蹺課。要記得，重點並不是要剝奪你的快樂。如果巧克力蛋糕對你來說不是問題，那麼它就不是你必須克服的衝動。請試著去克制一些對你而言有著負面意義的衝動。

如你所見，事情的大小不是那麼重要。在這個練習中，重點不在於你做了什麼事、或者沒做什麼事。重要的是去克服你原初制約的行動。這就有點像是「喬治・科斯坦薩實驗」，藉著迫使自己去做一些不被目前神經連結所支持的事情，來爲你的大腦打造新的神經連結通路。試著常常練習這件事，如果不小心失敗了，就立刻重新開始。不要給自己太多批判，也不要太放縱，讓自己完全偏離目標。如果你持續下去，你就會發現維持自我紀律、調節衝動、還有去完成那些沒有獎勵但是必要的任務，變得越來越容易。這些技巧會累積、成長，最後會變成內建在你生活運作當中的活躍部分。

3. 給自己滿滿的安慰

不管你在用來掌握情緒的IAAA練習（辨認情緒、接受情緒、找到情緒的原因、採取行動，見191頁）有多大的進步，在生命中，你難免還是會遇到情緒不太舒服的時候。活了大半輩子，你一定知道生活總是會給我們各種體驗。爲了回應這些體驗，我們會產生各種不同的情緒，有的很美妙、有的相當中性、有的則是讓人不太愉快。IAAA對於這些情況當然會有幫助，但是當你不舒服的感受相當持久又難以掌控時，你該怎麼辦呢？這就是自我安慰可以派上用場的時候了。

身爲受到情感忽視的人，你很可能從來沒有想過「自我安慰」這件事。自我安慰是沒有受到情感忽視的孩子會從他們的父母那裡學來的另一個技巧。如果孩子睡不安穩，父親會輕撫他的背部，讓他可以在惡夢過後繼續睡覺；母親會抱著正在哭泣的孩子，用手撫摸他的額頭；父親會仔細地傾聽女兒訴說今天在學校裡受到什麼不公平的對待；如果一個孩子發脾氣，母親會安安靜靜地、感同身受地陪在他身邊。這些能夠對於情緒保持覺察的父母，藉由這麼做來教導孩子一項重要的生命技能。當孩子的情緒受到接納、寬待、適當的撫慰，他們就能把父母撫慰他們的這種能力變成自己的。孩子會像小小的海綿一樣吸收自我安慰的技巧，而這是他們這輩子一定要擁有的技巧。

在成長的過程中，你或許多多少少都有得到父母的撫慰。不過，同樣地，問題在於你是否擁有「足夠的」撫慰。許多遭受情感忽視的人，成年之後在這個方面都能夠獲得改善。

世界上沒有兩個人是一模一樣的，沒有人可以用同一種方式獲得安慰。每個人的需求都不一樣。在我身爲心理學家的職業生涯當中，我幫助人們找到了無窮無盡、各式各樣的自我安慰技巧。

要知道哪個方法適合你，最糟糕的時機就是當你最需要它的時候才去嘗試。如果你可以事先找到良好的策略，並且在你需要它們的時候試試看，這會對你相當有幫助。某個適用於一個情境的自我安慰策略，在另外一種情況下可能完全派不上用場，反之亦然。所以最好不要只有一個方法，而是將所有可能用到的方法都列出來，這樣當你有需要時，就可以試試看其中一個；如果這一個方法不管用，就再試試其他的。

爲了找到有效的安慰，回顧你的童年或許會有幫助。在你小時候，有哪些東西可以讓你覺得舒服自在呢？還有，想想你成年之後曾經遭遇過最大的情緒挑戰是什麼？你過去有沒有嘗試過某些有幫助的自我安慰方法，但是你卻沒有察覺到？稍微提醒你一下，要小心你所使用的自我安慰種類，確定它們對你來說是健康的。適度的酒精、購物和飲食可以對你有所幫助，但是如果你過度使用這些東西，你的問題可能會更加惡化，或者它們會爲你帶來另外的問題。

以下是一些健康的自我安慰策略，經過許多人認證，使用起來相當有效。試試看這些方法，把它們當成一個開始，幫助你辨認哪些方法對你有用，然後再創造一張專屬於你的清單。

- 泡泡浴
- 好好地沖個熱水澡
- 聽音樂，或者是聆聽某一首特別的歌曲
- 幫車子打蠟
- 運動，譬如跑步、舉重、出門騎腳踏車
- 彈吉他或是其他樂器
- 煮飯或是烘焙（這裡講的是過程；小心不要把過度進食當成自我安慰！）

- 和寵物一起玩
- 和小孩一起玩
- 出門散步
- 聞一個你在兒時覺得舒服的味道
- 打電話跟朋友聊一聊
- 躺在地上看雲或是看星星
- 打掃
- 看電影
- 靜靜地坐著觀賞窗外的景色
- 到教堂安坐以及冥想
- 自言自語：在所有自我安慰的技巧當中，自言自語或許是最有用、最容易變通的一個，可讓你自己用講話來度過不舒服的情緒狀態。你可以悄悄地做，自己一個人在腦海裡進行，所以你可以在公開場合這麼做，像是在會議上或是在火車上。提醒自己一些簡單、眞正的事實，幫助你以正確的眼光看待事情。

以下是一些你可以說給自己聽的事：

「這只是一種感覺，而感覺不會永遠持續下去。」

「你知道你是一個好人。」

「你知道你是出於好意。」

「你已經盡力了，只是沒有成功。」
「靜靜地等待結果。」
「事情終將會過去。」
「我必須搞清楚自己可以從這件事中學到什麼，然後我就要把它拋諸腦後。」

根據當時的情況以及你的感覺，這樣的自言自語擁有無限的可能性。這個自我安慰技巧對大部分的人來說都很有用，把它收進你的清單中絕對會很有幫助。

使用「自我安慰」改變清單來整理出你自己的策略。要確定你的清單保持彈性，刪除那些對你而言派不上用場的方法，並在有需要的時候增加新的項目。

讓自我安慰成為一項有意義且重要的練習，讓這些方法陪伴你成長和改變。在你的人生中，自我安慰是一項不可或缺的能力。當你越來越精於此道，你會發現自己變得越來越平靜，整體而言也會對自己更有把握、更自在。

「自我安慰」改變清單

10.	9.	8.	7.	6.	5.	4.	3.	2.	1.

4. 體貼自己的情緒

當你知道沒有任何的改變清單可以幫助你培養對自己的同情心，你可能會覺得失望或是鬆了一口氣。這是因爲就實際上來說，自我照顧的這個部分跟感覺和理念比較有關，而不是技巧。光是靠改變你的行爲並沒有辦法很輕易地培養它，或者說，要由外而內下手比較困難。最好的作法是由內而外地培養我們對自己的同情心。

話雖如此，我把對自己的同情心留到最後來談的確是有原因的，因爲它是自我照顧裡頭一個比較高的層面。如果我們把所有自我照顧的元素都放到一個金字塔裡，自我同情心的位置就在金字塔的頂端，位在你學過的所有自我照顧技巧之上。你必須要愛自己、對自己友善到一定的程度，只有當你在乎自己、願意善待自己，才有辦法做到這一點。

爲什麼培養對自己的同情心那麼重要呢？如果你對自己沒有同情心，你很有可能會在面對自己無心的失誤和過錯時，以無情的內在聲音嚴厲地懲罰自己，就像是第三章案例35的諾艾兒和案例40的威廉所做的。你甚至可能會因爲自己有一些正常的感覺和問題而責怪自己、對自己生氣，就像是第三章案例36的蘿拉。或者你可能會覺得自己一點用也沒有，感到空虛，甚至想要結束自己生命，像是第四章案例42的蘿賓。

不管你如何看待自己的錯誤——批評、責怪、討厭、侮辱、以及想要自殺，這些都和自我照顧相反。你很可能不會這樣對待任何一個人，那麼你爲何要這樣對待自己呢？所有這些反應都會對你造成巨大的傷害，它們會耗盡你的能量，拖垮你，讓你哪裡也去不了。

要記得同情心（還有對別人的感受能力）是人類情感中最高等的形式，它能夠療癒人們、安慰人們、把人們團結在一起。它把人們聚集在一起，並且以一種正面、令人無法抗拒的方式維繫彼此的關係。你對別人的同情心，就是你對人們和身邊的世界所散發出的正面影響力。現在是讓你自己也獲得這樣的好處的時候了。以下是五個可以幫助你促進自我同情心的基本守則。

守則一：停止嚴厲批判自己

「你想要別人怎麼對你，就那樣對待別人」是個黃金定律。對於受到童年情感忽視的人來說，基本原則是一樣的，只是要倒過來：「你怎麼樣對待別人，就那樣對待自己。」換句話說，不要讓你內在的批評聲音對自己說一些你不會對親朋好友說的話，不要用你不會懲罰親朋好友的方式來懲罰自己。如果你不會因爲朋友做了某件事情而懲罰他，那麼也不要因爲自己做了那件事而懲罰自己。如果你的朋友在並排停車時開過邊線，你會不會對他說：「你這個白癡，會不會開車啊？眞是太丟臉了！」不，你不會對他這麼說，所以你也不應該對自己這麼說。如果你覺得沒有辦法讓內在嚴厲的批判聲音停下來，我高度建議你去閱讀馬凱和范寧合著的《自尊心的改造訓練》一書。

守則二：揪出具有破壞性的自我憤怒

對自己生氣與同情心相反。試著開始察覺自己有多麼頻繁、多麼強烈地對自己感到憤怒。這件事非常重要，因爲自我導向的憤怒過了某個限度就會爲你帶來傷害。它會讓你不喜歡自己，而這是非常具有自我毀滅性的。如果你犯錯，你只能做一件事，那就是從錯誤中學習，其他的都只是浪費力氣而已。任何時候只要你對自己感到生氣，把它當成一個訊號，把你用在別人身上的同情心轉過來對待你自己。

守則三：讓你的智慧和同情心為自己服務

身為受到童年情感忽視的人，你很可能是一個相當好的傾聽者。就像第四章案例42的蘿賓，你的朋友會找你聊天，因為你可以給他們有用的建議。你不會用批判性的眼光看他們，你很會照顧別人，而且富有同情心。對你來說，這是輕而易舉的事情。現在你要做的，就是運用你自己不批判別人的智慧來幫助你自己，就像你用它來幫助別人一樣。意思就是對你自己訴說你的智慧話語，並且傾聽和接納自己的聲音。為什麼其他人能夠從你的建議中獲得好處，你自己卻不能呢？

守則四：與充滿關愛且堅定的內在聲音對話

身為受到情感忽視的人，你沒有機會將父母慈愛而堅定的聲音轉化成自己的一部分，並從中獲得好處。當其他孩子的父母對他們說：「沒關係，讓我們想想看要怎麼做，這樣下一次你就會做得更好。」你卻得自己一個人想辦法。因為少了父母的幫助，所以你嚴厲地對自己說：「你眞是個白癡」；或者讓自己得過且過：「我不想再繼續思考這件事。」如果是前者，你就是在助長對自己的憤怒；如果是後者，你會讓自己一再犯下同樣的錯誤。不管是哪一個，你都是輸家。

能夠帶來幫助的、正面的、充滿關愛且堅定的內在聲音，就像是一場對話，你會以一種不批判的方式質問自己，要求自己思考事情究竟哪裡出了錯，並且想辦法避免在日後重蹈覆轍。

舉個例子，如果你忘記幫車子加油，下班回家時，車子在高速公路上突然沒油了，你會怎麼說：

「怎麼會這樣？你今天中午吃午餐、辦雜事的時候，本來是要停下來加油的！」

「好吧，想想看，爲什麼吃完午飯以後沒有停下來加油呢？」

「哦，對了，因爲我快遲到了。下午一點的會議我剛好趕上，而且機動車輛管理局前面的隊伍排得好長。」

「這些確實超出了我能控制的狀況。我要怎麼做，才能確保這樣的事情下次不會再發生呢？」

「下次不要在吃午餐時順便加油。午休只有一個小時，沒有足夠的彈性保證一定能去加油。」

「從現在開始，我會盡量在開車上班的路上加油，或是在回家的途中加油，這樣我就不會忘記了。」

注意看看，這種關愛且堅定的聲音不會太縱容你，也沒有帶著自我毀滅性的嚴苛。這樣的聲音包含了四個關鍵步驟，它能夠：

- 讓你爲自己的錯誤負責，而沒有一下子就跳到批判或是責備。
- 幫助你想清楚這個錯誤的哪個部分是你的錯，哪個部分是其他人或是當時的狀況所造成的。
- 看看以後要以哪種方式行動，以免這樣的錯誤再度發生。
- 幫助你確定自己是否有從這個錯誤中學到某些重要的東西，接著你才可以把它放到一邊去。

這些步驟會帶來成果且相當有用，可以協助你達成某個目標，幫助你過得更好，而不會傷害你的自尊心或是自信。我們的人生就在於學習、成長、變得更好。這些步驟可以讓你完成這些目標，所以，請繼續努力培養那個關愛且堅定的內在父母聲音。

守則五：接受自己也會犯錯

就像擁有情感一樣，犯錯也是人性的一部分，這兩者都是人性之中沒有辦法討價還價的。要知道，地球上所有的人類都擁有各式各樣的感受，並且會犯下許多錯誤。如果有人告訴你情況絕非如此，不要相信他們的話，這種說法簡直太荒謬了（讓我們說得客氣一點）。

毫無疑問地，要在這些技巧上下功夫一定會讓人有些退縮。如果你的童年缺少了某些情緒健康或是自我照顧所需的重要成分，那麼你將毫無選擇，只能在成年以後重新教養自己。

我鄭重地向你保證，如果你可以努力地重建自己，一磚一瓦堆疊起來、一個技巧接著一個技巧練習、一步一步走下去，你就會擁有豐盛的收穫。

當你建造了由對自己的愛所打造而成的金字塔，你就能夠開始往上攀爬。等你到達頂端，你將會發現自己的內心擁有前所未見的友善和寧靜，而且還能夠以這樣的友善和寧靜來對待自己。

當你把自己強而有力的同情心轉向自己，你就能夠以一個全新的你來生活——一個值得被愛、難免會犯錯、不完美、有自己的優缺點、有時候勝利有時候失敗、敏感而又能屈能伸的你，一個完整而且能夠融入這個世界的你。

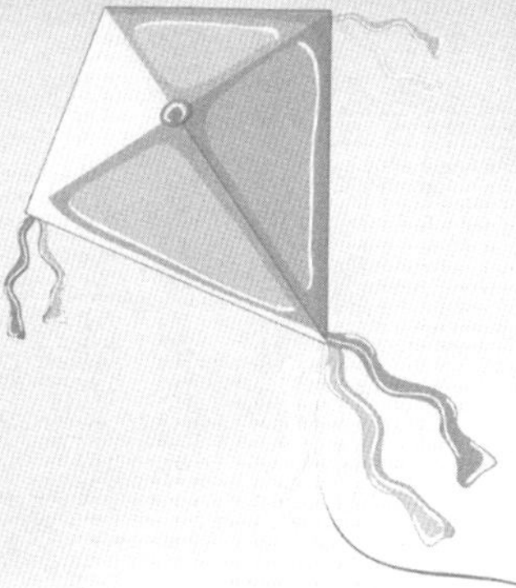

8

終結惡性循環：給孩子你從未擁有的情感支持

如果你曾經遭受情感忽視，目前正爲人父母，或是希望有天能夠爲人父母，那麼你一定要好好閱讀這一章。我們所要談的第一件事情是，你在教養上的罪惡感。第二，我們會去探究由於你過去所遭受的情感忽視，你將會面臨什麼樣的教養挑戰，或是將來爲人父母時可能會遇到的挑戰。最後，我們會討論的是，你應該怎麼做，才能確保自己成爲一個可以感受孩子情緒的父母，能夠在養育孩子的時候保持情感上的覺察，並且感受自己以及別人的情感。

不過在那之前，讓我告訴你一個好消息。鼓起勇氣，不管我們當父母的曾犯了什麼錯，這些錯誤都可以彌補，因爲孩子的復原能力極爲強大。就像我之前說過的，孩子就像一塊小小的海綿，能夠吸收我們所給予的任何東西；反之亦然，他們不會吸收任何我們沒有給予他們的東西。所以，只要我們改變自己給孩子的東西，他們就會改變，但是這通常需要一段時間的調整。

此外，任何發生在你身上的改變，也會往下滲透到孩子身上，所以，你越是朝著積極的方向改變，你的孩子也會自然而然地變得更好。就算是對青少年也是如此。雖然對於青少年來說，狀況可能會有點不一樣，因爲他們通常會對你們，也就是父母親，掩飾自己的改變。不要被他們騙了，你家青少年的孩子也正在改變當中。

1. 運用五個原則，處理你在教養上的罪惡感

這是我要問你的第一個問題：閱讀這本書，有沒有讓你在教養自己的孩子這件事情上感到懷疑，或是覺得有罪惡感？有沒有讓你開始責備自己或是毫不留情地批評自己，就像是受到童年情

感忽視的人經常做的那樣？如果是的話，在你接著往下讀之前，請先吸收下面幾個原則。當你繼續閱讀這一章，記得要回到這五個原則，並且在有需要的時候重讀一次，藉此處理你內心升起的罪惡感。就這點來說，你必須試著感受自己的情緒，這樣你才會知道自己什麼時候覺得有罪惡感。此外，你也要試著多體貼自己的情緒，有空就回過頭來溫習這些原則。

- 有時，父母就是會對自己的教養感到有罪惡感。罪惡感之所以會出現，經常是因為你擔心自己是否有把孩子教好。但是在好的教養中，罪惡感並不是必要的；相反地，它可能會對健康的教養造成干擾。
- 如果你是個容易有罪惡感的父母，你的罪惡感可能會妨礙你做出良好的教養抉擇。如果你覺得有罪惡感，你會很難對孩子說「不」，也無法為孩子建立某些規範。罪惡感會讓你對自己教養的每一步都產生質疑。如果孩子知道父母有這樣的自我懷疑，他們可能會利用這一點。因此，罪惡感會削弱你的權威地位。
- 罪惡感或許表示你在乎，不過如果少了罪惡感，你會成為更好的父母。與其覺得有罪惡感，倒不如把教養的目標放在讓自己成為負責任的父母，同時瞭解沒有父母是完美的。所有的父母都會犯錯，這幾乎是無法避免的。
- 與培養自我紀律相關的原則，也可以運用在教養上面。如果你對於自己所犯的教養錯誤非常嚴苛，那麼你就是在削弱自己的精力，讓自己變得脆弱、沒有效率。成為負責任的父母，不代表你得因為一時犯下的錯誤而埋怨自己。

- 就像其他人一樣，你教養孩子的方式是根據你自己知道和親身經歷過的教養方式。你無法給予孩子你沒有體驗過的情感力量。不過，你現在正在讀這本書以及這一章，這代表你在乎，而且你已經準備好，並擁有足夠的堅強可以創造出某些改變。和你的父母比起來，你擁有比他們還要多的優勢。

2. 肯定到目前為止你已經達成的改變

也許當你在讀這本書的時候，你已經有了一些改變。如果是，那麼你的孩子可能也對這些改變有所反應。你是不是比較常說「不」了呢？你是不是經常把自己的需求放在第一位呢？你是不是把自己的快樂當成必須優先達成的任務呢？對你來說，這些都是健康的改變，它們也會對孩子產生正面的效果。不幸的是，孩子可能還不瞭解這一點。孩子只有在得不到想要的東西時才會有所反應，不過這不代表沒有得到想要的東西是一件壞事。看見你重視自己以及自己的需求，他們也會獲益良多。這會讓他們在成長的過程中學會看重自己的價值和需求。

當你改變了，你的孩子會需要你的幫助來適應這些變化，你也必須克服那些從你自身延續到孩子身上的情感忽視的影響。如果你發現孩子對你的改變有所反應，試著不要讓孩子的反應激起你的回應；相反地，深入去探究孩子行為背後的原因，問問自己：「孩子現在有什麼感覺？」接著以溫和的方式給孩子一點回饋：「我知道你還不習慣我在這件事情上對你說『不』。親愛的，我很抱歉，我知道當我開始做一些跟以前不一樣的決定時，你一定很難接受。」你對孩子說

「不」，他肯定不會覺得開心，但是你可能會驚訝地發現，像這樣簡單地肯定孩子的情緒，對這件事會有多大的幫助。我們會在之後做進一步的討論。

3.改變制約，成爲可以感受孩子情緒的父母

想知道你受到的情感忽視如何影響了你的孩子，最好的方式就是去回顧這件事情是怎麼對你造成了影響。不管你的情緒健康有什麼坑洞或裂縫，除非你去修補它們，否則你的孩子可能也會擁有同樣的坑洞或是裂縫。

接著，讓我們來看看一些受到童年情感忽視的成人通常會有的一些特徵。當你讀過這個列表，就像是你在第三章所做的，在你認爲符合自己狀況的特徵上方打個勾。

- □ (1) 空虛感
- □ (2) 反依賴
- □ (3) 不切實際的自我評價
- □ (4) 虧待自己，把同情心留給別人
- □ (5) 罪惡感與羞恥感
- □ (6) 針對自己的憤怒與自責
- □ (7) 極力想隱藏自己的眞實情感
- □ (8) 無力滋養自己和別人
- □ (9) 缺乏自我紀律
- □ (10) 述情障礙：無法察覺情緒或瞭解情緒

如果你對於某個特徵感到不太確定，請回頭閱讀第三章的相關部分。不要想太多，順著自己的直覺即可。這和你的「想法」無關，重點在於你的「感受」。問問你自己，那個特定的問題是否符合你的狀況。在這件事情上，你一定要相信你的感覺，這也會成爲一項很好的練習，能夠爲你帶來額外的好處，讓你學習在大體上更相信自己的感覺。

現在，你已經找到童年情感忽視在成年的你身上留下的特徵，接著就讓我們來談談這些特徵會如何表現在你對孩子的教養上。

(1) 空虛感 vs. 用「愛自己」來填滿它

空虛感來自於童年時期沒有在情感上獲得圓滿的感受，那是親子關係中，就連結的品質和數量而言，一種完整的感覺；然而在你與父母的連結當中，有某些東西不見了。讓我們用汽油的等級來說明這種情感連結的品質：如果你在成長的過程中擁有足夠的普通等級汽油或是更好的汽油，你成年以後大概就不會有空虛感的問題。

如果你在童年時所獲得的是較低等級的汽油，而你在成年以後感到空虛，很有可能你也不會給自己的孩子「足夠的」高級汽油。如果你對此深有同感，那麼重要的是，你得瞭解這並不是你的錯，因爲你沒辦法給孩子你自己所沒有的東西。

此外，另一個重點在於，你必須知道這樣的困境是可以解決的。但是解決方法並不是某種公式，也非某種待辦事項清單，而且它和改變你的行爲舉止無關。事實上，**如果你想要給孩子你所沒有的東西，唯一的方法就是先給你自己這些東西**。唯有這樣，你的孩子才能獲得好處。

以下是這件事情的原理：當你進行第六章所列出來教導你肯定自己情緒的練習，你會變得更加能夠在情感上與自己或別人連結，成爲更具有表達能力以及更有覺知的人。當你經歷了第七章照顧自己需求的改變過程，你就能夠爲你油箱裡頭的汽油升等。你的汽油變得越高級，你就越能夠給你的孩子這些高級汽油。你越是關心你自己、瞭解你自己、愛你自己、並且重視你的情緒，你就會變得越能夠關心你的孩子、愛你的孩子、懂你的孩子、並且重視你的孩子和他們的情緒。漸漸地，你就不會感到那麼空虛，而慢慢地，你的孩子也不會產生那樣的傾向。他們的油箱會加滿高純度、長效、高等的情感，除了愛自己，也能夠愛別人，爲他們這輩子提供持續前進的動力。

(2) 反依賴 vs. 互相依賴，彼此需要

如果你成年後有反依賴的特徵，代表了你在過去曾接收到這樣的訊息：你不應該依賴他人或是需要他人。你的父母沒有注意到你的情緒需求、或是對你的情緒需求表現出寬容、或是無法滿足你的情緒需求，這都給了你一個清楚的訊息，那就是：你最好想辦法靠自己，最好不要渴求別人的注意力或是幫助，最好靠自己獲得自己想要的東西。

現在花點時間想想這個問題：在教養孩子的時候，你是不是以某種方式將這樣的訊息往下傳遞給你的孩子？假設你已經長大成人，並且強調勇於獨立的價值，那麼你會著重於以這種方式教育你的孩子是可以理解的。你可能根本沒有仔細想過這件事，只是自動地執行你所知道的教養方式，就像所有的父母一樣，自然而然就這麼做了。而不管是上述哪一種情況，你都會讓你的孩子

錯失與他們身邊的人互相依賴的機會。

你可能會說：「究竟什麼是互相依賴？」互相依賴是成人人際關係的理想平衡狀態，不管那是婚姻關係或是友誼關係（我在這裡排除了親子關係，因為在親子關係中，與生俱來的依賴關係占了絕大部分）。互相依賴的意思是，關係的雙方都能夠在健康的程度上保持獨立和自助自立，但是他們也都會在某些事情上或是某些時候依賴對方。每個人都能夠發揮自己最大的潛力來照顧自己，但是透過別人的幫助，我們也因此能夠發揮更大的潛力。

如果你讓孩子覺得他們不應該依賴別人，你就剝奪了他們寶貴的力量，而那是他們生命中的其他人能夠給予他們的禮物。這樣的力量可能有著不同的樣貌：另一個人或許能夠讓我們的生命變得更豐富、讓我們變得更有活力、或是為我們分攤一些負擔。從各種可能性當中，以下只是少數幾個例子，諸如：安慰的話語或是撫慰的碰觸，幫忙我們搬動家具，或是煮一頓好吃的給我們吃。我們的生命中必須找到一種平衡，讓我們可以給予和接受、愛人和被愛、照顧別人和受人照顧，這就是互相依賴。你和你的孩子都值得擁有這樣的關係。

身為家長，你要怎麼以這種對你而言並不自然的平衡來教養你的孩子？就實際而論，這並不容易。好消息是，你針對自己的反依賴所進行的改變，將會傳遞到你的孩子身上。你越是不害怕依賴別人，你的孩子也會比較不害怕去依賴別人。但是最重要的一點在於：當孩子需要你的時候，你越是能夠在那裡支持他們，他們就會變得越能夠與其他人互相依賴。不要害怕孩子會變得過度依賴，唯一會讓他們變得過度依賴的方式，就是當他們「不需要」幫助的時候，你卻太過頻繁地用各種方式去幫助他們。

爲了在孩子有需要時待在他們身邊支持他們，但是又不能做過頭，你必須要能夠感受你的孩子。如果你還記得案例27三年級的齊克那位反社會型的母親，要他去房間用英文草書寫五十遍「我下次不敢在學校惹麻煩了」，身爲家長，她是一個極端的例子，一點也不瞭解自己孩子的能力在哪裡。一個母親對於自己的孩子能做什麼、不能做什麼有著這麼偏差的瞭解，想必她也不會知道自己應該在什麼時候挺身而出幫助自己的孩子。

所以，你必須要能夠正確地辨別，究竟在什麼樣的時機下，你應該出手幫助孩子。如果你能夠遵循第一章案例1當中，同樣是以三年級的齊克作爲個案的那個例子，對你會很有助益。你必須要能夠感受到你與孩子之間的「情感連結」，這樣你才會知道什麼時候該介入、該安慰孩子、該幫助孩子；你必須要好好「注意」孩子，去瞭解他能做什麼、不能做什麼，這樣你才會知道他什麼時候會需要你的幫助；你必須要「適當地回應孩子」，意思就是給予他有意義而且適當的協助。

就這些步驟來說，沒有一個父母是完美的，你只能盡你所能。如果你能做到，你的孩子會以一種不同的方式來愛你和珍惜你，因爲他們會覺得你瞭解他們，而且只要他們有需要，你就會爲他們提供支持和協助。他們會更願意朝著更高的方向前進，擁有更豐富的人際關係，並且更能夠實現自己的潛能。他們能夠獨立，同時也能夠接受別人的幫助。在這一生當中，他們會覺得自己在這個世界上並不孤單。

(3) 不切實際的自我評價vs.正面清晰的自我感受

關於這個特徵，基本上可以歸結到你並沒有眞正瞭解自己的本質。還記得我們說過，孩子會透過父母眼中的他們來學著認識自己嗎？如果你的父母不常看著你，你可能就很難捕捉父母眼中自己的模樣。如果成年以後，你對於自己的看法不太清楚或是不太實際，這很有可能代表你父母並沒有好好地注意你。這可能意味著他們沒有花太多時間和你相處。不過也不盡然是這樣。一個父母可能一天二十四小時都和孩子在一起（並不能說這樣就是健康的作法），但是仍然不太瞭解自己的孩子。

在這裡，「注意孩子」並不意味著當孩子渴的時候爲他們倒杯果汁，也不是在孩子頭上別一個好看的髮夾。「注意」的意思是去看到孩子的天性，他們喜歡什麼、不喜歡什麼，優點是什麼、缺點是什麼，記住這些，然後以一種有助益的方式把這些觀察回饋給孩子。這就是一個孩子在自己身上培養客觀自我感受的方法。

改變清單中有一張是針對你「喜歡和不喜歡」（見216頁）的事情，我設計這張清單的用意，就是要幫助你變得更能夠覺察自己就天性而言喜歡什麼、不喜歡什麼。你的喜好和厭惡會影響你的自我評價，還會影響你的能力、外貌、人格特徵、聰明才智、社交技巧和社交表現、習慣，以及幾乎是無窮無盡的特質，而就是這些特質造就了你。當你學著去認識自己喜歡什麼、不喜歡什麼，你也會瞭解自己在組成上的複雜性。這樣的過程也可以運用到教養上。

教養孩子的時候有一點相當重要，那就是你必須每天都注意孩子，每天都要給孩子有助益的回饋。這並不代表你要過度地批判孩子或是給予負面評價，因爲這可能會傷害他們的自尊心。舉例來說，如果你發現兒子在足球上的表現遠比他在籃球上的表現還要好，你可以告訴他：「你是個足球高手！」關於籃球，你不應該對他說假話，但是你也不能說：「你籃球打得不好。」因爲這種說法太負面，可能會讓孩子受傷。

關於學校的課業表現，你可以給孩子一些關於他的強項科目的意見。但對於那些他比較不擅長的科目也要給予意見，比如說：「我們得多花一點時間在數學上。」如果你的孩子顯然沒有拉小提琴的天分卻仍然樂在其中，可以告訴他，你覺得他喜歡音樂、而且願意努力練習以精通這項樂器，是一件很棒的事；但是要避免給孩子太嚴厲的意見或是傷害孩子的感情，也要避免給孩子不眞實的意見。重要的是，保持誠實、關心、愛護，並且把事情講清楚。

有時候你只需要陪在孩子身邊，在那裡看著他們，而不需要多說些什麼。你的孩子會吸收你的注意力，在其中看見自己的模樣。在你養育孩子的這十八個年頭中，他會一次又一次地從父母的眼中看見自己。他會看見這樣的自己、那樣的自己，也會看見這些不同的自己持續成長、改變、發展。這些自我片段會結合成爲一個完整人類的精確反映，這個人將會知道自己想要什麼、能夠做什麼。當他邁入成年階段的時候，他會擁有許多你所沒有的優勢：一個完整、清晰和強壯的自我意象。這是唯有你才能給予他的禮物。

(4) 虧待自己，把同情心留給別人 vs. 關愛和原諒自己

身爲父母，你不會希望孩子長大以後對自己太嚴苛，在犯錯之後對自己大加撻伐。你會希望孩子可以從自己的錯誤中學習，並且愛自己。你的任務就是教育孩子，要對他人以及自己懷抱同

情心。要做到這一點，你可以運用我們在第七章討論過的照顧自己需求的四個技巧。如果你對孩子有同情心，他們也會對自己和別人有同情心。

記得自我同情心的第一條守則是停止嚴厲批判自己，以下是把它應用到親子關係上的方法：

「對你的孩子做那些你但願自己的父母也曾這麼對你做的事。」

一個在成長過程中受到情感忽視的人，不能再遵循他們所知道的那一套教養方法來教養自己的孩子。因爲他們所知道的那一套教養方法，受到其主要照顧者的制約，而這些方法可能會讓他們把情感忽視繼續延續到自己的孩子身上。身爲父母，重點在於努力地克服自己的制約，並爲孩子創造出更健康的教養情境。所以，當你的孩子做了一個錯誤的決定、把某件事情搞砸、或者做了某些不經大腦或是錯誤的事情，從你的角度來說，最好不要立刻有所反應。衝動、情緒化的反應，可能是來自於你過去的制約。相反地，花點時間想一想：如果我是小孩，我會希望從父母那裡得到什麼，讓我可以從中學習，然後繼續走下去？

把自我同情心的第二守則應用到教養上的時機，就是當你發現孩子對自己太嚴苛的時候。這時，你要持續地關注孩子，並且做出適當的回應。如果你看見孩子因爲犯錯而懲罰自己，或是對自己太過生氣，這時你就該出手幫助孩子，向孩子點明他對自己的憤怒有點超過，而且不應該將矛頭指向自己。即使這麼做在那個時刻看起來好像沒有幫助，然而這件事會在孩子的心裡埋下一顆種子，在日後成長茁壯。接著把你自我安慰的技巧拿來撫慰孩子，讓孩子可以把這些安慰的技巧吸收進去。

自我同情心的第三個守則就是用你的智慧和同情心來幫助孩子。爲了要讓你的孩子學會原諒自己，他必須從你那裡體驗原諒這件事。他會把你傳達出來的嚴苛或同情吸收進去。這個守則濃縮了前面兩個守則，包括了要孩子適當地爲自己的錯誤負責，並在孩子對自己太嚴苛時出手相助，幫助他瞭解自己的錯誤和整個情況，以及最後一步，原諒他。當你爲他做這些事，他在日後便也能學著爲自己這麼做。

幫助你的孩子培養關愛且堅定的內在聲音，也就是自我同情心的第四個守則，這點對於培養孩子的自我同情心來說特別重要。還記得第七章的例子，那個忘了加油的案例所展現出來健康的內在聲音嗎？這是一個你也可以運用在孩子身上的範本。擔任父母的角色，好好地跟孩子講清楚事情發生的經過和原因，並且幫助孩子釐清自己究竟哪裡做錯了。接著告訴孩子，犯錯的重點在於從中去學習，藉此讓孩子感到安心。陪他走過瞭解、承認錯誤、學習和原諒的過程，這樣的歷程非常寶貴，會讓你的孩子學會支持自己和別人、負責任，對於一個成功而又堅強、對自己和他人懷抱著關愛和同情心的成年人來說，這是相當重要的能力。

(5) 罪惡感與羞恥感 vs. 健康的自我接納

還記得那些遭受童年情感忽視的人爲什麼會有罪惡感和羞恥感嗎？原因在於父母沒有接納並認同孩子的感受，以致讓孩子覺得擁有感覺是一件有毛病的事情。但凡是人皆有感覺，如果孩子因爲自己有感覺而覺得丟臉，便可能會試圖對別人隱藏自己的感受，甚至是對自己隱藏自己的感覺。那麼，身爲父母，你能夠做些什麼來確保這件事情不會發生在你的孩子身上呢？想當然耳，就是去接納並認同孩子的情緒。

如果你遭受了童年情感忽視，身為父母，要做到這一點可能沒有那麼簡單。大體而言，你必須能夠更加自在地面對情緒。當孩子正在感受的時候，你必須對他們多加包容，即使你覺得孩子的情緒有些太超過或是不對。

要如何瞭解並且接納孩子的情緒，這裡有些建議。要說明這些建議，讓我們把孩子的情緒當成是流動的水。

- 如果你在流動的水前面放一道屏障，水就必須往某個方向流。它會繞過屏障、從屏障上面流過去，或者是如果它無路可走，最後就會逆流、返回源頭（意思是孩子會把情緒轉向自己）。無論如何，水都會流到某個地方去。你沒有辦法阻止孩子的情感之流，所以請不要試圖這麼做。
- 要處理流動的水，你必須讓它繼續流動，同時你得回到源頭。所以，當你的孩子有某種感受，請讓他的感覺繼續流動，同時你要試著追溯這種感受的起因。你可能得問孩子一些問題，幫助你瞭解狀況，或者是回想看看是否有某些狀況造成了或是加重了這樣的感受。
- 要小心孩子的情緒把他自己和你給淹沒了。雖然我不建議你阻止孩子去感覺，但在某個時間點，你還是必須出手協助孩子處理情緒。出手幫助孩子調節情緒和阻止孩子的情緒是截然不同的，就像是「男孩不哭」以及「讓我們一起想想看事情是怎麼了，看看我們要怎麼做」之間的差別。
- 要記得，孩子的感覺是他的一個組成要素，根植於人類的生理構造中。你絕對不能讓他覺得自己不應該擁有感覺，但是你必須教導他管理情緒是有可能而且是必要的一件事。

- 使用第六章與情緒共處的技巧來幫助孩子學會這些重要的技能。
- 在自己身上使用與情緒共處的技巧，你的孩子也會從你身上學到這些技能。

如果你盡己所能地遵循上述的情緒管理原則，你就會教給孩子一些與罪惡感以及羞恥感相反的東西，你會給予他一些可以應用在生活各個方面的技能。孩子會從你那裡得知，感覺是他的存在當中一個正常、健康的組成部分；他必須仔細聆聽這些感覺所傳達給他的訊息，但是不被這些感覺所支配。這麼一來，他長大成人以後，便能夠接納、甚至重視他自身這個重要、連結自己與他人、並且爲生活帶來更多色彩的部分。

(6) 針對自己的憤怒與責備 vs. 原諒自己

自我同情心的最後一個步驟是原諒，亦即接受自己也會犯錯。當你的孩子做了一個不好的決定或是犯了錯，你可以利用同情心守則，幫助他瞭解事情之所以出錯，哪一部分是他的責任、哪一部分是別人的問題、哪一部分必須歸咎於當時的情境。接著，你要幫助他找到方法來改正自己的錯誤，並且避免再犯同樣的錯誤。再來，你要幫助他原諒自己，把這件事擺到一邊，讓生命繼續前進。

你必須在教養上投入時間和精力，因爲你有切身的經驗，知道你的父母因爲沒有這麼做而對你產生了某些影響。你從自己的經驗中得知，如果我們沒有把這輩子犯的錯擺到一邊，然後繼續前進，我們就會被困在裡頭。如果我們不原諒自己，我們所犯的錯誤就會毫不必要地成爲我們的存在裡頭一個巨大的組成部分。這些錯誤可能會接管我們的自我感受，甚至成爲我們的身分認同。你不會希望孩子被他自己的錯誤所定義，就像你曾經經歷過的。所以，教導他最後一步：把錯誤擺到一邊。如此一來，他的錯誤就能夠如實呈現，他也就能夠從中獲得釋放，以一種健康的方式繼續進行適度的生活冒險，同時讓他的自尊和自愛保持完整。

(7) 極力想隱藏自己的眞實情感 vs. 可親和可愛

你大概還記得，致命的缺陷是一種不知道爲什麼自己有所殘缺的感受：「如果你瞭解我，你就不會喜歡我了。」這種感覺在那些受到情感忽視的人身上肆虐，因爲他們的父母沒有給他們正面的情感和注意力。當我問他們在成長的過程中是否覺得被愛，我無法告訴你究竟有多少人這麼回答：「一直以來，我都『知道』我的父母愛我。」知道並不是感覺，而感覺是這裡的關鍵所在。

確定你的孩子不只知道你喜歡他或是愛他，而是要「感覺」到這一點，這件事相當重要。溫暖又充滿關懷的擁抱、笑聲、對孩子的個性表現出眞正的喜愛，如果你能夠把這樣的感受傳達給孩子，會對他的成長大有幫助。我知道這聽起來有點像是陳腔濫調的教養小撇步，不過這確實是許多受到童年情感忽視的人在成長時感到不足的地方。如果對你來說要做到這一點不太容易，那麼你可能必須爲了孩子而好好地練習相關的技巧。

進一步來說，要預防孩子懷著致命的缺陷，最根本的步驟就是去處理你自己的致命缺陷。致命的缺陷是一個似乎會由父母親滲透到孩子身上的特徵，它悄悄地從父母身上延續到孩子身上，沒有人發現、也沒有人瞭解，因而變成孩子自我認同的一部分，就像它也是父母認同當中的一部分一樣。因爲它是一種複雜又隱密的情緒，人們通常不會覺察到自己擁有這樣的感受，如此，他們當然也就無法用言語來表達。然而，這是一種持續作用的情感，它驅動著無數的決定，並且就像是一朵烏雲籠罩在人們頭上（想想第三章案例38的凱莉）。不過從根本上來說，如果你不覺得自己有這種感受，就不必擔心它會滲透到你的孩子身上。

我希望當你在閱讀這一章的時候，你已經清楚地瞭解，你對自己的感受會在某個程度上滲透到孩子身上。如果你覺得你愛自己，你就會擁有更大的能力來愛孩子。如果你有很強的自我價值感，這也會滲透到孩子身上，他們也會擁有自我價值感。不過，另外一個重點在於，當你在處理自己內在所匱乏的東西時，這些你所沒有的東西是不會延續到孩子身上的。

(8) 無力滋養自己和別人 vs. 給予和分享情感

當你在成長的過程中遭受情感忽視，你很有可能會在父母給你的照顧當中感受到某些空白。或許你在某些方面受到良好的照顧，舉例來說，身體方面，但是在其他方面卻不然。滋養就像是一種比較溫暖的照顧，結合了給予和關懷。如果你還記得案例39的大衛，對他來說，滋養這個問題相當棘手。他討厭自己的女兒，因爲他無法不在乎女兒。就像我們前面討論過的，大衛就像一塊離開水源太久的海綿，他的情感已經變得乾枯、破碎，所以他沒辦法輕易地接受別人給予的東西，也沒辦法給予別人東西。

過去，你從父母那裡接受了有其侷限和缺陷的滋養；現在，你爲人父母，你的任務就是確保你的孩子永遠不會在情感上變得枯竭。你爲孩子創造滋養的每一件特別的事，都會讓他們在日後能夠而且也願意將自己的情感分享出去。你會希望自己的孩子在婚姻上、在他們的親子關係上都能夠成功。如果你在孩子這一生當中給予他溫暖的照顧，他也會培養出豐富的情感，然後把這樣的情感給予他所愛的人。

以下是一些能夠協助你爲孩子提供情感滋養的方法：

- 當你發現孩子看起來有點難過，本能地給他一個擁抱。
- 如果你覺得孩子有些難過，問問他是不是一切都好。
- 當你覺得孩子需要陪伴，多花點時間和他在一起。
- 如果你的孩子正在經歷某種轉變期或是困難期，比如學校開學或是畢業、搬家、換朋友等等，和他談談這些事，爲他做一些特別的事，讓他知道你有注意到他正在經歷些什麼。
- 對孩子當下的感受保持覺察，也幫助孩子覺察自己的感受，並且用語言把感受表達出來。接納並且認同這些情緒。對於孩子而言，這樣的過程就是一種滋養。

(9) 缺乏自我紀律 vs. 一切都在控制之中

就像前面說過的，你在面對自我紀律時所遭遇的困境，很有可能是反應出父母對你的教養模式。如果父母放任孩子，不加以干涉，沒多久，孩子就能學會自我放縱，或是學會對自己過度嚴苛。他們可能會說自己懶惰，是個拖延狂或是購物狂。他們無法學會怎麼讓自己去做一些自己不想做的事情，或者是停止做那些不應該做的事。你的孩子無法學會這些，除非你給予他們那個你也很難給予自己的東西：規範、清楚的規則，以及適當且可以預測的行爲後果。

規範：當你爲孩子提供規範，你就是在教導他如何規範自己。舉例來說，在要上學的日子裡，就寢時間是晚上九點，這樣的規範相當合理。當你設定了這樣的規範，並且和孩子一起執行，你就是在教導他如何自己設定規範，並且遵循這樣的規範。另外一個例子，或許是下課之後規定孩子用一個小時做功課，然後才能出去玩。讓孩子練習遵照你的指示，克制自己的衝動。當孩子再大一點、可以管理自己的時間之後，他將能夠克制自己的衝動。如果孩子可以給自己規範，就不太可能拖延他們必須完成的事情。

規則：一旦你爲孩子設立了明確的規範，並且在合理的範圍內保持彈性，另外一件重要的事就是清楚地對孩子說明這些規範。就某個程度來講，自我紀律就是爲自己設定清楚的守則、並且遵循這些守則的能力。身爲父母，就是要爲孩子建立這種健康的紀律。確定你的規則清楚、適合孩子的年齡、而且容易遵守。把規則貼在冰箱上，或是在家庭會議上宣布。不要無緣無故地改變規則，或是沒有告知孩子就改變規則。你的孩子必須清楚地知道你對他有什麼樣的期望。

行為後果：你的孩子必須知道，如果不遵守規則會有什麼樣的後果。「如果你沒有在星期二把垃圾拿出去倒，你就完蛋了」，這麼說並不會有幫助。「如果你沒有在星期二把垃圾拿出去倒，我就要沒收你的 iPod，等你倒完垃圾後才還你」，這也沒有用，因爲後果和行爲的嚴重程度不成比例，所以這樣的處罰並不適當。行爲的後果必須要清楚而且適當。此外，最重要的是，你必須以一種可靠的態度要孩子接受後果。你不能只在自己有時間去注意、或是有力氣的時候才給予處罰。你的孩子必須知道你是認眞的，並且知道你會怎麼做。如果你自己沒辦法做到這些，那麼你只是在教孩子如何違反規則，以及如何爲自己製造自我紀律的問題。

⑽述情障礙 vs. 情緒覺察

在讀這本書的過程中，你可能已經知道，情緒覺察是你能給孩子最好的禮物。你會希望自己的孩子可以知道他有什麼樣的感受，以及爲什麼會有這樣的感受，並且將這些感受訴諸語言。你也會希望孩子有能力可以知道別人有什麼感覺，而且多少可以解讀別人的感覺和行爲背後的原因。這些就是丹尼爾．高曼（Daniel Goldman）所說的「情緒智商」（Emotional Intelligence）的幾個重要面向。由高曼所主導的科學研究顯示，要預測一個人是否會成功，與高智商相較，高「情商」是一個更好的指標。擁有高情商的人在這個世界上闖蕩時，會擁有更大的優勢，包括在職場或是婚姻、各種社會情境、以及親子關係中。

你已經知道這些技巧有多重要，那麼要如何確保你的孩子可以擁有它們呢？首先，我們在這一章裡所討論的每一個技巧，都會對孩子的情緒覺察有所幫助。不過除此之外，你還可以做得更多。

你的孩子在學校不會學到太多與情緒有關的事情，就算有也不多，所以這一部分的教育就要靠你了。在教導孩子與情緒有關的事情時，你可以參考以下五個步驟，這樣孩子就能培養出高度的情緒覺察：

- 注意孩子當下的感受。
- 努力感覺孩子的感受。
- 爲孩子用語言把這樣的感覺表達出來。教導他如何用自己的話來表達感覺。如果有需要，可使用299頁的「感覺詞彙表」來幫助你。
- 使用垂直式提問法的技巧（見199～201頁的說明），幫助孩子瞭解自己爲什麼會有這樣的感覺。
- 讓情感成爲生活中的重要成分。在你的日常生活中盡量使用與情緒相關的語彙，光是這麼做，就能夠讓孩子知道情緒的重要性，也能激起他的興趣，讓他想要對生活中的感受有更進一步的瞭解。

在你閱讀這一節時，你的內心有沒有出現罪惡感？你是否因爲自己沒有把每一件事情都做對而批判自己？如果是，這是可以理解的。這意味著你就和其他許多關心孩子的父母一樣，所有的父母都會犯錯，所有的父母都會在某些地方不愼失足，每個父母都會掙扎，偶爾也會失敗。爲人父母，如果你曾經遭受情感忽視，你將會面臨額外的挑戰。你得對自己有多一點的同情心，從你的錯誤當中學習，並且在你前進的路上持續努力。

如果你可以找到童年情感忽視在哪些方面對你造成影響，並且在這一章中找到改善方法，那麼你有很大的機會可以在你的孩子身上改正這些問題。孩子的恢復能力非常驚人，他們會恢復得很好。青少年對於父母的改變反應比較慢，但是他們也會有所回應。你不能對你過去的制約舉雙手投降，你必須爲了你自己、也爲了孩子打這一場硬仗。

養育孩子是我們身爲人類最大的特權。不管我們手上拿到什麼牌，我們在生物學和社會學上的任務就是讓手上的牌變得更好，再傳給我們的孩子。我們的任務就在於重新洗牌。與我們的父母相比，你可以多花點時間陪伴和照顧孩子，給孩子我們從未擁有的優勢。我向你保證，這個世界上沒有任何事情像是給孩子一手更好的牌，更能補充你油箱裡的高級汽油。這是你所能成就的事情之中，最令人感到滿足、充滿正能量、充滿愛、讓人生豐富、以及有如英雄一樣的事蹟。你會在這個過程的每一步中都有這種感受，孩子會成爲他們自己的最佳化版本，而你也是。

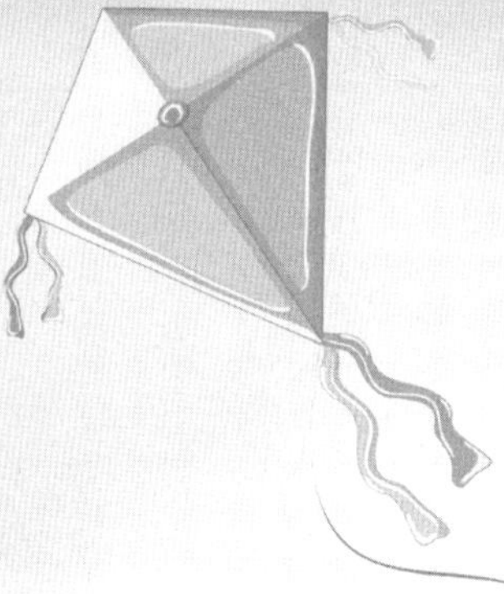

9

身為治療師，如何協助童年情感忽視個案

在我從事執業心理治療師這十八年來，童年情感忽視這個概念慢慢變得清晰。這段期間，我治療過一些個案，然而這個行業的標準工具——感同身受、深刻的理解、認知治療、面質（confrontation，發現矛盾並進行討論的過程）、家庭或伴侶治療、藥物治療等等，對於他們的治療似乎沒有什麼幫助。面對部分個案，我覺得自己沒有辦法好好地瞭解他們。在臨床治療的過程中，似乎少了某種重要的東西，以致我無法完整地認識他們、他們的症狀、以及他們的痛苦。我彷彿是寓言中的盲人，處理的是大象的某個身體部位，卻不知道那裡有一整頭大象，而那才是我應該注意的地方。

最後，因爲有一些個案願意付出自己，他們做出承諾，勇敢地投入治療，我才得以瞭解這個隱藏的問題。儘管這些個案有著反依賴的傾向，他們卻願意長時間地進行治療，讓我得以辨認在表象之下究竟發生了什麼事情，而能夠在最後用文字敘述並處理這些事情。

當這個失落的環節，漸漸地在我的腦海中發展成一個完整的理論模型之際，我發現自己開始用「童年情感忽視」這樣的說法來稱呼它。我不記得在我讀過的任何期刊文章或書籍、或是參加過的任何心理學訓練當中，曾經把童年情感忽視當作是討論的焦點。但是我對於這個帶有特定意義的詞彙感到相當熟悉。

我開始好奇，想知道現存的科學研究是否可以支持以這個理論模型爲基礎的觀察結果。我花了好幾個小時，仔細閱讀APA研究資料庫中可能與童年情感忽視有關的一些期刊文章、書籍或論文。我的第一個發現是，在學術或是臨床的書寫上，「情緒」（emotion）和「忽視」（neglect）這兩個詞經常被擺在一起，這解釋了爲什麼「情感忽視」這個詞彙讓我有一種似曾相識的感覺。但是這兩個詞並沒有以「情緒忽視」（emotional neglect）這種樣貌存在，而是經常以「情緒虐待和忽視」（emotional abuse and neglect）這樣的方式被放在一起。當我更仔細地探究這一點，事情變得很清楚。與這個主題有關的文獻在探討情緒的時候，所談論的是一種罪行：情緒虐待。而在講到忽視的時候，經常是與物質有關，而且是可以具體觀察到的行為：（身體）照顧疏忽（physical neglect）。我發現這些文獻並沒有探討比較難以捉摸、但是有著同等殺傷力的罪行：情感忽視。

就在那時，我決定要寫這本書。我撰寫這本書的目的，是希望讓社會大眾看到我在前文所提到的「情感忽視」，乃是教養錯誤當中經常被漏看的問題。我發現，許多犯下情感忽視錯誤的家長，在其他方面都是很棒的父母，總是以孩子的最佳利益為考量，這讓那些試著想要瞭解個案心理健康的專業人士，在面對個案時感到更加迷惑，因此我想要分享這個理論模型。

過去十年來，我成了覺察童年情感忽視的心理醫師。我認為童年情感忽視必須獲得治療，但這並不容易，因為個案本身都會把他們的焦點放在其他比較明顯的症狀上。許多人打從一開始就對自己受到童年情感忽視這樣的想法感到抗拒。讓情況變得更加複雜的是，前面提過的反依賴傾向通常是童年情感忽視的一個主要症狀，它會讓個案在治療還沒有見到成效時就中斷療程。

我發現，如果遭受童年情感忽視的個案能夠認出他的「大象」，治療將更能夠觸及他們內心深處的情感。在個案領悟到這一點之後，治療通常會有神速的進展。在這一章後面，我會提供一些建議，讓你知道該如何辨認並且對治這個潛在的議題，包括如何去逆轉反依賴這樣的症狀，以及處理那些經常伴隨著童年情感忽視而來的羞恥感、罪惡感和自責。不過，首先讓我們來看看與這個理論模型有關的科學資料。

與童年情感忽視相關的兩個領域

就如我在這一章開頭提過的，我找不到可以描述或是直接檢視童年情感忽視這個現象的研究或文章。不過，情感忽視與心理學文獻中兩個重要領域有著密切的關係，亦即我在「依附理論」（attachment theory）和「情緒智商」的交會處，發現了童年情感忽視的核心。關於父母的疏忽行爲會如何造成童年情感忽視的症狀，依附理論提供了最好的說明。情緒智商則是探討了所有童年情感忽視的症狀之中最重要的症狀：情緒覺知和情緒知識的匱乏。

依附理論

自從英國發展心理學家約翰・鮑比（John Bowlby）在一九五一年寫了《母性照料與心理健康》（*Maternal Care and Mental Health*）一書以來，與人類心理相關的科學研究有了長足的進步。鮑比的書介紹了這樣一個概念：嬰兒對於母親的依附狀況，對這個嬰兒長大成人以後的性格有著深遠的影響。他的理論受到同時代同領域許多專家的批評和質疑，因爲它並沒有足夠的立論資料。另外有一些專家對於鮑比的想法非常排斥，因爲這挑戰了當時多數人所抱持的信念，亦即嬰兒的發展全然建立在他們的內在幻想生活上，與外界的關係或是母親的作用一點關係也沒有。幸運的是，從那個時候起，就有另外一些科學家開始研究鮑比的理論。有些科學家花費許多時間觀察並記錄母親與嬰兒之間最細微的互動。因爲他們使用了縱貫性研究方法（longitudinal method），才能夠在多年以後獲得如下的發現：這些親子之間的微妙關係，的確可以反映孩子成年以後的樣貌。

過去六十年來，以依附過程爲主題、數以百計的研究資料都說明了，母親與孩子在情感上連結的重要性。一九七〇年代，精神病學家丹尼爾．史丹（Daniel Stern）的研究，讓我們對於依附關係有了更精確的瞭解——他用錄影的方式記錄下他稱之爲「情感協調」（attunement）的親子互動過程。就他的定義來說，母親會透過「情感協調」這樣的行爲，亦即用一種可以反映嬰兒情緒狀態、或者完全仿同嬰兒情緒狀態的情緒表達或肢體行爲來回應自己的孩子。史丹論斷，從孩子出生開始，母親便透過這樣的行爲向嬰兒傳達一個訊息——告訴孩子，媽媽瞭解他，他的需求將會獲得滿足。這爲孩子的發展提供了穩固的基礎，讓孩子可以向前躍進，勇於冒險並探索這個世界。

許多後來的研究者，像是鮑比的學生瑪麗．安斯沃斯（Mary Ainsworth，一九七一），以及依莎貝拉和貝爾斯基（Isabella and Belsky，一九九一），都說明了父母對於情緒的態度，對孩子在日後管理、接納和表達情緒的能力上，有著直接的影響。由於大量的相關研究，今日幾乎沒有心理健康專業人士會質疑這個已經獲得充分證明的事實。

在檢視依附理論相關研究的時候，我們會發現，有許多研究把探討的焦點放在父母與孩子之間「不同調」的情緒回應，像是不適當的憤怒、配對錯誤的情緒假設、以及不正確的情緒解讀（從父母的行爲來看）。但是你很難找到任何與「父母對孩子缺乏情感回應」這件事有關的研究，像是不注意孩子、對孩子沒有反應、或是不瞭解孩子，而這就是本書著手處理的失落環節。這或許是因爲我們很難去觀察「不在場」的東西，且這方面並沒有太多相關的評量標準或文獻可供參考。我們可以理解，跟忽略孩子這件事比起來，對科學家來說，錯誤的行爲比較禁得起科學檢驗，然而，忽略這件事卻是童年情感忽視的一大重點。

關於依附理論，基本的科學證據已經很穩固，這個領域的學者專家對此也有廣泛的認識，但是令人訝異的是，情感忽視這個寶貴的概念卻很少有人瞭解或是獲得普遍的應用。對心理健康專業人士來說，個人人格問題的根源經常可以回溯到童年時期，這是一個既定的事實。心理學家、精神病學家或是社會工作者都試圖引導個案瞭解這一點，但是幾乎沒有一個心理工作者不曾遇過挫折，因爲在這一點上，他們總是遭遇到個案極大的抗拒。

在我執業的過程中，我發現到，就算不是大部分的個案、也有許多個案對於父母在自己身上造成的巨大影響感到不安。要承認父母對我們有那麼大的影響力，或許會讓我們覺得害怕；一旦我們瞭解父母對我們所造成的實際影響，我們可能會覺得孤單、脆弱、甚至會產生一種受害的感覺。如果我們能夠瞭解自己會對孩子造成什麼樣的影響，我們也會深感戒愼恐懼。所以，身而爲人，我們經常會把自己的問題怪罪到自己身上，卻低估了我們對孩子的影響力。

我寫這本書的其中一個目的，就是要讓依附理論變得個人化，讓社會大眾容易瞭解和消化。我相信許多人之所以對療癒有點退縮，是因爲他們自然而然地抗拒這樣一個概念：即便他們已經成年，童年仍然嚴重地影響著他們。我希望那些遭受到童年情感忽視的人，可以在這本書的案例描繪當中，從那些許多善良、討人喜歡的個案裡頭，看到他們自己，並且明白：瞭解父母對自己的人格所產生的實際影響，並不會削弱他們的力量，而是會讓他們變得更堅強。

情緒智商

丹尼爾．高曼博士在他一九九五年的著作《EQ》（*Emotional Intelligence*）一書中，以五個與情緒有關的技巧來界定情緒智商：瞭解自己的情緒、調節情緒、自我激勵、瞭解別人的情緒、以及處理人際關係。如果一個人缺乏這些技巧，我們就可以說他擁有比較低的情緒智商。你可能會發現，低情緒智商就是這本書所描繪的述情障礙。

把情緒智商和童年情感忽視這兩個概念放在一起，比較其差異之處，是相當有趣的一件事。在與情緒智商有關的文獻中（特別是高曼的許多著作），研究者經常把焦點放在造成低情緒智商的原因和它的發展過程。我們在前面提過的母嬰關係，透過依附理論，被研究者當成一個會對情緒智商的發展造成直接影響的因素來探討。此外，高曼博士也指出，父母對孩子的感受能力和情感上的協調能力，都是影響情緒智商的因素，就像在本書中，我也把它們當成是情感忽視的肇因。因此，這兩個理論在結果（低情緒智商和情感忽視的症狀）和成因上有著很大的共同點：兩者都是因爲父母對孩子缺乏感受性和情感上的協調度所造成的結果，都會導致述情障礙。

透過童年情感忽視這個概念，我希望可以呈現情感忽視個案的內在體驗，以及成年以後，情感忽視對他們所造成的心理衝擊。我探討的是父母在情感依附上的教養錯誤，並從臨床心理學的角度來觀察造成情感忽視的原因。高曼從「認識情緒」的觀點考量情感教育失敗的後果，我關注的則是情感忽視所導致的「情意叢」（constellaton），亦即各種心理症狀的總合：空虛感、貧乏的自我覺知、無法自我照顧、針對自己的憤怒和自責等等。

人們可能會因為職場的訓練或是受到上級評估後，才發現自己的情緒智商不高。他們或許有機會透過同樣的管道來學習、培養一些改善情緒智商的技巧，但是我相信，這個世界上大多數的人都不明白自己究竟缺少了什麼，或是為什麼他們缺少了某些東西。諷刺的是，他們必須先擁有情緒覺察，才能知道他們缺乏情緒覺察。這些人就是本書鎖定的讀者。

在丹尼爾．高曼以情緒智商為主題的著作當中，他和另外一些研究者強烈地認為情緒技巧對於成功的生活相當重要。我的目標則有點不太一樣，我希望幫助那些在生活中缺乏這些重要技巧且沒有意識到這一點的人，讓他們看見自己身上預設的挑戰，停止責怪自己，並且開始療癒自己和孩子。

辨認並察覺童年情感忽視

就如前面提過的，要察覺童年情感忽視可能相當困難，特別是它經常躲藏在憂鬱、焦慮、創傷、婚姻議題、教養問題、悲傷、以及一些其他狀況背後，這些狀況不只是清晰可見，而且通常是個案前來尋求心理治療的主要原因。

本書開頭所提供的「童年情感忽視自我評量表」，設計的用意在於協助你（治療師）辨認出可能遭受童年情感忽視的個案。在你執業的時候，請隨意影印、取用這些測驗。我完全同意、也明白當這本書出版時，還沒有人就心理測量的標準，針對這份心理測驗進行過準確度和可靠度的檢驗。然而即便如此，我還是決定把它放在書中，因爲在我工作的時候，我發現這份測驗可以幫助你有效地辨認出可能遭受童年情感忽視的個案。如果你要使用這個測驗，請你理解，就心理測量而言，它可能有某些侷限。不過我發現，得分超過六分以上的個案，便有可能遭受某種程度的童年情感忽視。你可以根據這一點進行更進一步的探索。

我們在第三章討論過十個童年情感忽視的徵兆和症狀。有些徵兆是個案不太會主動提起或是自己察覺的，不過治療師有機會可以發現它們。當你和個案一起工作時，以下是一些你可以多加留意的特點。

1. 對於自己擁有感受這件事表現出罪惡感、不安、或是對自己生氣

有許多遭受童年情感忽視的個案，在和我諮商的過程中，因爲在我面前落淚而向我道歉。他們經常爲自己的情緒加上某些附帶說明，比如說：「我覺得這麼說感覺很糟，但是我眞的不想去參加家族聚會」；「我知道這麼做不對，但我就是想要離開」；「我知道這麼做會讓我變成一個壞人，不過當她那麼做的時候，我眞的很生氣。」

2. 當治療師詮釋某些情況時，大力爲自己的父母辯護

受到情感忽視的個案會絕望地想要保護自己的父母，讓他們免於責難。因爲他們不記得父母「沒做過的事」，所以他們通常會在某個程度上將父母理想化，並且在面對自己的困境時，自然而然地責怪自己。當療程有了進展，治療師開始探討個案的父母究竟以什麼樣的方式忽視了他

們，他們便會趕緊解釋自己的父母「已經盡力了」，或是「這件事不能怪他們」。受到情感忽視的個案藉由這麼做來保護自己根深柢固的信念，亦即不管他們覺得自己有什麼問題，一切都只能怪自己。

3. 懷疑自己的童年記憶

在我的經驗裡，許多受到童年情感忽視的個案無法記起某些童年往事。他們經常會說，自己的童年回憶起來一片模糊，很難把它用確切的事件分割開來。此外，對於自己確實擁有的童年記憶，他們也不太確定自己對這些事情究竟有什麼感受。當他們談到母親的脾氣、父親酗酒等等狀況時，經常會暫停一下，質疑自己記憶的眞實性、重要性或準確性。「我覺得自己可能講得稍微誇張了點，實際上好像沒有那麼糟。」一位女士對我這麼說的時候，淚水從她的臉頰滑落。「我講這些給你聽，你不會覺得無聊嗎？」一位男士如此對我說。當時他正在告訴我，十歲時他的小狗死了，父母卻一點反應也沒有。或者是，「我不知道我爲什麼要告訴你這些，這可能不太重要。」這是另外一位男士對我說的話。他告訴我，他很仰慕的繼父在和自己的母親離婚以後，是怎麼從自己的生命中消失的。

4. 不瞭解情緒如何運作，包括自己的情緒和別人的情緒

如之前所討論的，受到情感忽視的人傾向於擁有比較低的情緒智商。關於自己對情緒的瞭解相當貧乏這件事，他們不太容易明白，因爲他們就是在情緒方面有所匱乏的家庭裡成長，後來也

以這樣的方式生活。所以對治療師來說，爲遭受童年情感忽視的個案指出他們的述情障礙、並對他們說明這樣的狀況，是非常重要的。以下是一些徵兆：

- 當他們在你的診療室感受到某種情緒時，出現反覆的身體不適（或許會顯示爲身體的扭動或是坐立不安）。
- 以一種毫無情緒的方式，講述一些帶著強烈情緒張力的故事。
- 當治療師將討論帶到比較會觸動情緒的方向時，他們會快速地改變話題或是展現自己的幽默。
- 一再地表現出對於情感導向的問題沒有回答的能力，可能會給治療師理性化或逃避式的回答。

理性化回答的例子：

問：「當她叫你離開的時候，你有什麼感覺？」

答：「我覺得她是個混蛋。」

逃避式回答的例子：

問：「當她叫你離開的時候，你有什麼感覺？」

答：「直到她說了那句話，我才知道她那麼生氣。」

5.不斷表現出反依賴傾向

在我的經驗中，與其他個案比較起來，受到童年情感忽視的個案對自己必須求助於治療師這件事，感覺更加沮喪。他們的反依賴症狀會在與治療師的關係中表現出來。我發現，這種狀況同時包含了幸與不幸。不幸的部分在於，受到情感忽視的個案很難持續待在療程裡；幸運的部分則是，我可以利用自己與他們的關係，直接挑戰他們的羞恥感和反依賴傾向，幫助他們克服這些症狀。

遭受情感忽視的個案可能會認爲自己需要治療是一件軟弱、可悲、可恥、愚蠢、或是沒有意義的事情。他們會說：「我不是早就應該要克服這個問題了嗎？」或是：「我猜沒幾個三十七歲的人還得學著對別人說『不』。」其中我最喜歡的一段話是：「我不覺得自己需要你。我想先暫停治療，看看我能不能自己幫助自己。」就我的經驗來說，除非我、甚至是他們可以看到治療的確起了作用，不然要個案持續地進行治療是一件很困難的事。在下一小節「療癒的步驟和技巧」中，我會給你一些建議，告訴你如何在療程中善加利用個案的反依賴傾向來治療他們。

6.被忽略的痛苦深藏在記憶中

就像其他與情感忽視有關的診斷和情況一樣，要從個案的記憶當中論斷他們有沒有遭受童年情感忽視，是一件很困難的事。當你要個案談談他們的兒時記憶，情況尤其如此。他們自然會提起那個時期所發生的一些事件。然而如你所知，我們很難從他們的故事當中找到那些沒有發生的事。不過以下是一些建議，你可以從他們的記憶當中尋找關於情感忽視的跡象：

● 記得父親或母親嚴重地誤解了自己的感受、需求或個性。一位即將拿到社會工作碩士學位的年輕女士告訴我，她的父母在國中和高中時期一直對她施壓，希望她可以不要讀大學，以便接手父親的磚塊運送事業。我很好奇，這樣的父母究竟對女兒有什麼樣的瞭解。

● 記憶中，父母否定、忽視或者過度簡化自己的情緒。舉例來說，一個疏忽的母親在丈夫驟然過世之後沒多久，告訴兒子：「你姊姊想念爸爸了。」卻沒有注意到兒子有什麼樣的感受。

● 記憶中，父親或母親會用一些口頭禪來壓抑自己的情緒表達，比如說：「不要像小孩子一樣」、「不要難過了」、或是「不要哭了」。（許多有覺知的家長偶爾也會這麼說。因此，父母必須經常這麼說，或是在某個單一事件中，以一種極為不適當的方式對孩子這麼說，這樣才能被視為童年情感忽視。）

● 記憶中，當時還是個孩子的個案感覺到，在非物質的層面上，有某種重要的東西受到剝奪。舉例來說：「我真的對吉他很著迷，但是我媽堅持我必須成為一個小提琴家。」或者是：「國中的時候，我真的很想跟同學一起玩，但是我的父母對這方面的規定非常嚴格。」

● 一些看似不重要的記憶，其中卻牽涉到許多情緒。第一章案例2的凱思琳告訴我，她和父親在海灘上玩沙的經過。表面上，這件事情看起來很瑣碎，但是因為那時凱思琳的父母沒有感受到她的情感，結果，這件事一直被留在她的記憶裡。注意那些強烈但是看似無意義的回憶，它們之所以會被個案特別記住，是因為裡頭充滿了與情感忽視有關的隱藏的痛苦。

我發現，許多來找我進行治療的個案已經爲自己作了診斷，且這種情況越來越常發生。有些人知道自己可能有憂鬱症或焦慮症，但是要他們辨認出自己的童年情感忽視症狀則不太容易。我希望所有的治療師都能夠對於個案遭受童年情感忽視的可能性保持警覺。以上的建議，就是要幫助你把它找出來。

療癒的步驟和技巧

1. 先處理眼前的問題

在大多數的情況下，治療師會比個案先看到童年情感忽視的症狀。就算是在治療師指出這一點之後，個案也很難接受自己有這種症狀，所以要讓情感忽視成爲治療早期的重點，可能不是很容易。我發現童年情感忽視就像是其他令人痛苦的洞見一樣，必須在治療師和個案之間發展出強力的合作關係以後，才比較容易被個案所接受。當治療師在處理眼前的問題時，如果出現了情感忽視的症狀，便可以找機會爲個案指出一些例子。慢慢地，這件事就會逐漸成形。當治療師最後將完整的童年情感忽視這個概念介紹給個案時，個案才能夠用這個深具意義和效用的理論模型來瞭解自己。

2. 協助個案逆轉反依賴

由於反依賴這樣的症狀，使得童年情感忽視的個案經常在覺得自己主要的問題稍有緩解之後，就離開療程。我認爲要治療反依賴傾向，最好的方式就是努力讓遭受情感忽視的個案繼續留在療程裡。只要他們有獲得助益，治療就可以繼續進行下去。同時，治療師必須在過程中的每一步爲個案指出其反依賴的症狀，並且挑戰這樣的心理傾向。

治療師有時候會覺得自己必須耗費很大的力氣，才能讓受到情感忽視的個案不要在時機尚未成熟之前就結束療程。不過，對於遭受情感忽視的個案來說，留在療程裡不只是爲了接受治療——待在療程裡本身就是一種療癒。從本質上來說，這麼做能夠讓情感忽視個案從治療師身上體驗到健康的依賴關係，並從中獲益，而那是他們兒時無法在自己與父母的關係中感覺到的。

只要個案發表了如前所述的反依賴言論（見122～125頁「反依賴」的說明），治療師就必須注意到這一點，並且立刻著手處理。個案可能會在療程中以各種方式表達他們的看法。每次當他們開始發表類似的意見時，治療師就必須抓住機會，從不同的角度來處理反依賴這個核心問題。

以下的問題，曾經幫助我更進一步深入個案的反依賴問題：

- 你認爲需要另一個人的幫助是一件不好的事嗎？爲什麼？
- 童年時，你是不是在某個時候接收過「你不應該需要別人的幫助」這樣的訊息？
- 對於自己需要我、信賴我、依靠我，你有什麼感覺？
- 在你的童年時期，有沒有任何人讓你覺得可以安心地依賴他？
- 你是不是覺得其他人都已經把自己的問題解決了？
- 你會因爲你的朋友去進行心理治療而批評他們嗎？

- 你認爲心理治療有時間限制嗎？
- 你知道什麼是「反依賴」嗎？（接著指出它，並解釋給個案聽。）
- 你會害怕我對你感到失望嗎？或是遺棄你？或者以某種方式傷害你？
- 你會不會擔心因爲來求助於我，所以被我批評？
- 爲什麼你爲自己設下那麼難以達到的標準？
- 你知不知道你不允許自己擁有人性？

以上僅僅舉出幾個例子，要挑戰個案的反依賴症狀當然還有其他各種方式。當然了，個案最後會決定自己要不要留下。不過重要的是，治療師必須把握每個機會來正面迎擊個案的反依賴傾向。我發現最有用的方式，就是把個案無法持續待在療程中這件事視爲一個機會，而不是一種不便。

3. 培養個案對情緒的容忍度

從事認知行爲治療、心理動力治療、心理分析治療、醫學治療、物質濫用治療、家庭治療、婚姻治療、住院治療、或是日間治療的心理健康專業人士，他們在自己的工作中都必須處理許多與情緒有關的議題。的確，大部分的人之所以會尋求心理治療，通常都是因爲某些情緒健康問題。但是對於受到童年情感忽視的人來說，他們在瞭解情緒和包容情緒這些事情上，會比一般人遭遇到更大的挑戰，因爲他們不熟悉情緒的語言，也無法安住於情緒之中。對於治療師來說，這一點非常具有挑戰性。

要幫助情感忽視個案安然地面對自己的情緒，我建議採用漸進式的治療方法。就治療模式來說，就是使用一種系統性地為個案去敏感化（desensitization）的方法。這與「內爆治療法」（implosive therapy，透過直接使個案處於他所恐懼的情境中，以收物極必反之效，從而消除恐懼）正好相反。我在工作時，會將「辨認感覺和表達感覺」練習（見184～185頁），運用到一些遭受童年情感忽視的個案身上。在療程中進行這個練習有兩個好處：評估個案對於情緒的耐受程度和表達情緒的能力，並且培養個案對於情緒的容忍度。當我要求一位情感忽視個案跟我坐在一起，閉上眼睛，把注意力轉向內在，問問自己有什麼感覺，他立刻就把眼睛睜得大大的，告訴我：「我完全沒有感覺。」那是我們的療程當中一個靈光乍現的時刻，對他和我來說都是。就在那個時刻，我們找到治療的起點。在治療的過程當中，我們持續運用這個練習，並且依此設定了初步的治療目標——不要讓感覺變得麻木。

對於治療師而言，有一點相當重要，那就是在過程當中，只要你看見或是聽見個案有情緒反應，就要把它點出來。許多治療師經常這麼做，不過對於童年情感忽視個案來說，這點尤其重要。在療程中使用感覺語彙，問問個案對於其他人的感覺有什麼想法、問問他對於自己的感覺有什麼想法、問問他在此時此刻有什麼感覺。（前面三個問題的順序，是針對情感忽視個案的狀況，由簡單到困難排列。）

我發現，當我要求個案回想某些兒時事件、並說明他們在事發的時候有什麼感覺，這樣的問題對於治療相當有幫助。舉個例子，讓我們回顧第一章案例2在海邊玩沙的凱思琳。在療程中，我要求她去回想，自己對於母親在她兒時所說的一些看似無關痛癢的話，究竟有什麼感覺，她立刻就瞭解自己爲什麼會在成年後對母親感到憤怒。還有第三章案例32的賽門，他因爲我問了一些較爲情緒導向的問題而變得有些暴躁，但是到最後，這些問題反而對他產生了療癒的效果。當你的個案沒有察覺到自己的情緒時，你必須讓他們看見這些情緒：「你說這不重要，但是你看起來卻因爲這件事情而感到很難過。」或者：「你說這件事情對你來說沒有造成困擾，但是我卻可以從你的聲音裡感覺到憤怒。」還有，對於治療師來說，當他和個案在一起的時候，允許自己去感覺，並且忠於自己的情緒反應也是非常重要的事（當然，與此同時依然要保持治療師與個案之間的界線）。

4.帶領個案認識自身的特質

治療的這個面向，與前面討論過的幾個童年情感忽視特徵有關，都在於改善個案對自我的瞭解。自我瞭解和自我認同，就問題本身與發展過程來說，並不太一樣。我發現，受到童年情感忽視的個案通常有著發展良好的自我認同；問題在於，他們對這一點並不是很熟悉。

就如前面討論過的，遭受情感忽視的孩子，通常沒有從父母那裡得到與自己的特質有關的意見，以致他們可能會培養出扭曲的自我看法，不然就是沒有自知之明。成年以後，當他們來進行治療，可能會面臨這樣的困境：不知道自己想要什麼，自己能夠做什麼、不能夠做什麼，以及自己究竟是什麼樣的人。

就這點來說，跟童年情感忽視個案直接談論「教養鏡映」（parental mirror）這個概念，可能會有幫助。對個案而言，他們很難瞭解過去父母沒有給他們哪些回饋，教養鏡映這個概念便可以針對那些沒有發生在他們身上的事情，給予他們一個清晰、視覺化的感受。一旦個案瞭解自己缺乏了什麼東西，治療師就可以成爲他們的鏡子，幫助他們完成自己的映像。

這意味著治療師要仔細觀察許多事情，像是個案的喜好、學習模式、認知模式、美感、優點、缺點、以及關係模式。接著在任何可能的時候，以個案可以吸收的方式，把它們回饋給個案。個案會看見自己在治療師眼中的模樣，或者透過治療師在口頭上對自己的觀察來學著認識自己。不管是哪一種方式，個案都會慢慢地開始認識自己。

此外，治療師還要確定個案知道自己大體上擁有何種特質。個案會從治療師那裡得到這樣的訊息：就算他擁有某些缺點和毛病，就算他不喜歡某些人事物，都沒有關係，因爲他仍然擁有一些其他的長處，以及一些自己會喜歡的人事物。這種均衡的自我觀點和自尊心，會支持他度過人生中面臨挑戰、失望、甚至是失敗的時刻。

5. 提供個案均衡健康的內在聲音

對於在兒時遭受情感忽視的成人而言，他們的內心世界缺乏了一個非常重要的東西，那就是我們都應該要擁有的一種均衡、整合的內在聲音。這個聲音會對我們耳語、幫助我們度過困境，使我們瞭解自己的錯誤、從錯誤中學習，並且擔任我們個人的溝通媒介。如果沒有這樣的情緒定錨，童年情感忽視個案可能會覺得自己彷彿是漂流的浮木，無法承載生命中的挑戰。

許多情感忽視個案都對我提過一種感覺：他們覺得沒有辦法掌握自己的生命，但憑生命的浪潮漂流，不管最後流落何方，只能盡量利用手邊的資源來生活。回想一下第三章案例34的賈許，他在選擇職業和投入某個職業的時候，遭遇了很大的困難，一旦他受到同事的批評，就馬上辭去教職。或是同樣也出現在第三章案例35的諾艾兒，她因爲自己嚴苛的內在聲音而無法採取任何行動。賈許和諾艾兒的父母都沒有給予孩子可以幫助他們認識自己的意見；在孩子犯錯時，也沒有跟孩子把事情好好講清楚；或者爲孩子提供一種均衡的、就事論事的內在聲音，讓他們可以把這樣的聲音變成自己的一部分。成年以後，他們都沒有辦法在面對生活的挑戰時保持彈性。

因此，要療癒童年情感忽視，有一個很大的重點就在於爲個案提供均衡的內在聲音。治療師必須引導個案檢視自己的負面經驗，不管那是別人的批評、或者是自己的失敗和錯誤。治療師可以幫助個案考慮某些事件的起因，與個案討論面對事情的方法，同時保持完整而具有同情心的立場。每次這麼做，個案就會獲得機會，得以用一種均衡、深思熟慮、具有同情心的態度，學著爲自己把這些狀況考慮清楚。這能夠讓他們未來在面對挑戰時，比較不會再犯下同樣的錯誤或是失敗。

6. 拒絕想縱容個案的衝動

爲什麼我要說治療師可能會有這樣的衝動呢？問題的答案和治療師本身沒有關係，而是與遭受童年情感忽視的個案密切相關。就像前面講過的，童年情感忽視個案經常會在嚴厲的自我懲罰和完全的自我放縱之間來回擺盪。身爲治療師，我們的目標是要中和這兩種不同的內在聲音，並爲個案提供第三種聲音——一種以均衡又關愛的方式請求個案爲自己負責的聲音，一種帶著同理心說出眞相的聲音。

擺盪在自我懲罰與自我放縱這兩極之間的童年情感忽視個案，除了擁有無情的內在聲音，對於自我放縱也相當在行。他們可能會有一種無意識的傾向，希望說服治療師讓自己可以不用爲自己的行爲負責。他們認爲自己在面對治療師的時候有兩個選項：獲得赦免，或是受到嚴懲。可以理解的是，個案會一再請求治療師的原諒。此外，受到情感忽視的個案通常相當討人喜歡，治療師可能會覺得要他們爲自己的行爲負責很困難。不過，如果治療師發現個案並沒有盡全力，舉個例子，他就必須這樣告訴個案：「我相信你可以做得更好。」當治療師發現個案做了錯誤的選擇，他就必須說實話，幫助個案把事情想清楚。當治療師發現個案得過且過，他也要以關懷的方式讓個案明確地知道這一點，中和個案內在兩個極端的聲音，創造出第三個聲音，帶著同理心，堅定且勇於挑戰個案的聲音。

7. 處理個案自我懲罰的傾向

在多數心理治療當中，處理個案自我懲罰的傾向是過程中一個常見的面向。不過對於受到情感忽視的個案來說，這一點尤其重要。對於個案所表現出來的自我責備跡象，像是話語、暗示、臉部表情、微妙的語調，不管他們是在口頭上責備自己，或是產生某些責備自己的想法，治療師都必須多加留意。如果這件事情發生的時候治療師在場，就要把握這個機會，讓個案覺察到這個自我毀滅的聲音，以及這個聲音正在對個案本身造成傷害。如果治療師可以建立個案的覺察能力，當治療師以身作則，展現出富有自我同情心的話語、平衡和力量的時候，個案便更能夠從中獲益。療癒的目的是要幫助個案將這樣的聲音內化，隨著時間過去，這個聲音就會成爲個案自己的內在之音。

給治療師的十項重點摘要

- 留意細微的徵兆。
- 如果你懷疑個案的狀況與童年情感忽視有關，請利用本書所提供的診斷工具。
- 當你在療癒個案目前的症狀，並指出童年情感忽視的徵兆時，請保持謹愼。
- 成爲一面對照的鏡子，幫助個案建立自我瞭解。
- 成爲一股均衡、同情和挑戰的聲音。
- 不要縱容個案，而是要持續地挑戰個案的自責和對自己的憤怒。
- 逆轉反依賴的症狀。
- 幫助個案接納情緒、表達情緒，並且培養對情緒的容忍度。
- 在你與個案的關係中，爲他們提供你的注意力、關懷和你對事實的觀察，這些是他們沒有從父母那裡得到的。
- 幫助個案培養自我同情心和自我照顧的能力。

小結

我希望童年情感忽視這個概念可以呼應其他臨床醫師的經驗，也能夠點燃相關領域研究者的好奇心。以這個理論模型爲基礎，還有許多假設尚待進一步的驗證：

- 在我們所認定的童年情感忽視症狀當中，兩個或兩個以上的症狀合併發生的頻率有多高？
- 這樣的頻率，是否高到足以說明有某個潛在的症候群將它們聯繫在一起？
- 童年情感忽視自我評量表的得分，與治療師在個案身上察覺到的童年情感忽視，是否有相關性？
- 就評分者信度和準確度來說，童年情感忽視自我評量表是否有其效力？
- 我們是否可以透過增加或刪除某些問題，藉此增加童年情感忽視自我評量表的可信度和準確度？
- 如果治療師能夠善加利用童年情感忽視這一概念，對於治療是否有幫助？

這些只是少數幾個我認爲值得科學檢驗的例子。我個人對於這一點非常感興趣，希望其他研究者也會像我一樣爲這個題目感到激動。我對於這本書最大的期望，就是希望它能夠提倡童年情感忽視這個概念，讓它變得更廣爲人知。最重要的是，我希望此書能夠爲那些值得幫助、但是還不明白自己的童年究竟缺少了什麼的人，帶來清楚的瞭解、自我覺知、撫慰與力量。

童年情感忽視療癒相關的資源

如果你想知道更多與童年情感忽視及療癒相關的訊息，請見：www.drjonicwebb.com。

自信訓練推薦書：

羅伯特．E．艾爾貝提、邁克爾．L．埃蒙斯（Robert E. Alberti & Michael Emmons），《你的完美權利》（*Your Perfect Right: Assertiveness and Equality in Your Life and Relationships*, 9th Edition），California: Impact Publishing，二〇〇八。

兩性關係推薦書：

泰倫斯．瑞爾（Terrence Real），《婚姻新法則》（*The New Rules of Marriage: What You Need to Know to Make Love Work*），New York: Ballantine Books，二〇〇八。

感覺詞彙表

悲傷（SAD）	心情沉重（Heavy-hearted）	煩躁不安的（Dysphoric）
淚眼汪汪（Tearful）	受到輕視（Scorned）	淒涼的（Dreary）
充滿憂傷（Sorrowful）	陰沉的（Grey）	鬱悶的（Dark）
苦惱的（Pained）	悲慘的（Miserable）	黯淡的（Black）
哀愁（Grief）	憂鬱的（Blue）	愁眉苦臉的（Morose）
悲愴（Anguish）	渴望的（Longing）	陰沉的（Dour）
渴望（Desperate）	失望的（Disappointed）	孤立無援的（Besieged）
低落（Low）	冷酷的（Grim）	病態的（Morbid）
厭世（Pessimistic）	陰鬱的（Gloomy）	想自殺的（Suicidal）
不快樂（Unhappy）	失落的（Lost）	可惡的（Accursed）
悲情的（Grieved）	喜怒無常的（Moody）	卑劣的（Abysmal）
充滿哀慟（Mournful）	沉重的（Burdened）	丟臉的（Ashamed）
表情嚴肅（Grave）	氣餒的（Discouraged）	被貶低的（Diminished）
驚慌（Dismayed）	令人失望的（Let down）	自我毀滅的（Self-destructive）
沮喪（Bummed）	**抑鬱（DEPRESSED）**	自我貶抑的（Self-abasing）
垂頭喪氣（Despondent）	糟糕的（Lousy）	有罪惡感的（Guilty）

不滿足的（Dissatisfied）	傷痕累累的（Scarred）	坐立不安的（Antsy）
令人厭惡的（Loathsome）	不純潔的（Impure）	受打擾的（Disturbed）
筋疲力盡的（Worn out）	被寵壞的（Spoiled）	令人作嘔的（Sickened）
令人反感的（Repugnant）	被傳染的（Infected）	不安穩的（Off-balance）
卑鄙的（Despicable）	受到損害的（Scathed）	尖酸刻薄的（Sour）
令人憎惡的（Abominable）	受到圍困的（Beleaguered）	煩躁的（Fidgety）
糟糕的（Terrible）	受損的（Impaired）	罕見的（Peculiar）
絕望的（Despairing）	噁心的（Disgusting）	太黏人的（Icky）
不高興的（Sulky）	被削弱的（Crippled）	脾氣暴躁的（Ill-tempered）
壞的（Bad）	被憎惡的（Abhorred）	奇怪的（Odd）
失落感（Sense of loss）	被破壞的（Destroyed）	不恰當的（Inappropriate）
損壞的（DAMAGED）	不正常的（Abnormal）	狀況外的（Out of it）
脫離正軌的（Aberrant）	被汙染的（Contaminated）	引人側目的（Conspicuous）
殘廢的（Maimed）	下賤的（Contemptible）	異常的（Off-center）
令人厭惡的（Detestable）	**不舒服的（UNCOMFORTABLE）**	腐敗的（Rotten）
墮落的（Ruined）	尷尬的（Awkward）	不滿的（Discontented）
受到玷汙的（Defiled）	挫敗（Discomfit）	**憤怒的（ANGRY）**

厭世的（Misanthropic）	覺得不爽（Disgruntled）	驚駭的（Horrified）
氣憤的（Miffed）	愛吵架的（Contentious）	暴怒的（Furious）
被激怒的（Irritated）	口出惡言的（Abusive）	令人憤慨的（Outraged）
輕蔑的（Contemptuous）	被挑起怒火的（Enraged）	被惹毛了（Ticked off）
暴躁的（Fiery）	性格乖戾的（Surly）	被激怒（Riled）
惡意的（Spiteful）	嗜血的（Bloodthirsty）	令人噁心的（Nauseated）
煩躁的（Perturbed）	懷有敵意的（Hostile）	罪惡的（Vicious）
惹人厭的（Abrasive）	侮辱的（Insulting）	有戒心的（Wary）
生悶氣（Stewing）	厭惡的（Disgusted）	痛心的（Sore）
發怒的（Seething）	氣急敗壞的（Exasperated）	惱人的（Annoyed）
氣沖沖的（Livid）	排斥的（Repulsed）	讓人心煩的（Upset）
正面對決的（Confrontive）	怒氣沖天（Steamed）	可恨的（Hateful）
氣炸了（Pissed Off）	灰心喪志的（Dismayed）	令人不快的（Unpleasant）
惱怒的（Bristling）	挫敗的（Frustrated）	無禮的（Offensive）
危險的（Dangerous）	反感的（Revolted）	諷刺的（Bitter）
怨恨的（Galled）	內心混亂的（Troubled）	有侵略性的（Aggressive）
覺得煩（Bugged）	愛生氣的（Cranky）	惡化的（Aggravated）

被嚇壞的（Appalled）	平淡的（Bland）	愛耍手段的（Manipulative）
充滿怨恨的（Resentful）	**傷人的（HURTFUL）**	虐待狂的（Sadistic）
受到煽動的（Inflamed）	刻薄的（Mean）	有害的（Harmful）
受到挑撥的（Provoked）	被挑起怒火的（Enraged）	控制的（Controlling）
被點燃怒火的（Incensed）	粗魯的（Rude）	**脆弱的（VULNERABLE）**
怒不可遏的（Infuriated）	報復性的（Retaliatory）	暴露的（Exposed）
苦難（Cross）	險惡的（Menacing）	遭霸凌的（Bullied）
激動的（Worked up）	無情的（Ruthless）	被拘禁的（Corralled）
激憤的（Boiling）	愛說話的（Mouthy）	覺得羞恥的（Small）
氣到冒煙的（Fuming）	下流的（Nasty）	容易被影響的（Susceptible）
無聊的（BORED）	危險的（Dangerous）	可以用過即丟的（Expendable）
庸俗的（Mundane）	報復心強的（Vengeful）	沒有防備的（Bare）
無精打采的（Listless）	無禮的（Offensive）	生澀的（Raw）
乏味的（Understimulated）	心懷不軌的（Malicious）	柔弱的（Delicate）
沉悶的（Dreary）	惡毒的（Malignant）	占上風的（One-upped）
單調的（Tedious）	惡意的（Malevolent）	軟弱的（Weak）
沒什麼挑戰性的（Unchallenged）	殘酷的（Cruel）	被遮蔽的（Obscured）

狹隘的（Little）	笨手笨腳的（Clumsy）	有過失的（Culpable）
黯然失色的（Eclipsed）	不安的（Uncomfortable）	詐欺的（Deceitful）
被控制的（Controlled）	覺得羞愧（Mortified）	錯誤的（Wrong）
被欺騙的（Conned）	尷尬的（Awkward）	罪有應得（At fault）
引人注意的（Conspicuous）	愚蠢的（Silly）	有缺點的（Faulty）
敏感的（Sensitive）	有失光彩的（Disgraced）	**單獨的（ALONE）**
勉強的（Constrained）	引人注目的（Conspicuous）	被遺棄的（Abandoned）
盲目的（Blind）	傻里傻氣的（Foolish）	反社會的（Antisocial）
受困的（Bested）	荒謬的（Absurd）	寡不敵眾的（Outnumbered）
失落的（Lost）	**有罪惡感的（GUILTY）**	沒有愛情的（Loveless）
破碎的（Broken）	不值得的（Undeserving）	疏遠的（Estranged）
居於劣勢的（One-down）	負責的（Responsible）	繞過不管的（Bypassed）
敞開的（Open）	悔恨的（Rueful）	分離的（Dissociated）
被監禁的（Captive）	悔悟的（Contrite）	渴望的（Longing）
難為情的（EMBARRASSED）	後悔的（Regretful）	得不到的（Inaccessible）
受到羞辱的（Humiliated）	有責任的（Accountable）	無依無靠的（Freindless）
丟臉的（Ashamed）	受良心譴責的（Remorseful）	貧困的（Needy）

受到忽視的（Disregarded）	沒有計畫的（Planless）	緊繃的（Tense）
冷淡的（Distant）	散漫的（Scattered）	混亂的（Perplexed）
疏離的（Alienated）	尋尋覓覓（Seeking）	慌張的（Flustered）
孤獨的（Desolate）	令人動彈不得的（Stranded）	困惑的（Confused）
受到迴避的（Avoided）	令人為難的（Stumped）	昏沉的（Befuddled）
分開的（Apart）	**困惑的（CONFUSED）**	困窘的（Disconcerted）
惹人厭的（Disliked）	矛盾的（Ambivalent）	莫名其妙的（Mystified）
被拋棄的（Deserted）	百思不解的（Puzzled）	六神無主的（Bewildered）
孤伶伶的（Aloof）	不確定的（Uncertain）	焦急的（Anxious）
被忽視的（Ignored）	有衝突的（Conflicted）	含糊的（Muddled）
一無所有的（Dispossessed）	猶豫不決的（Indecisive）	挫敗的（Baffled）
被拒絕的（Rejected）	遲疑的（Hesitant）	糊塗的（Addled）
被隔離的（Isolated）	疑惑的（Misgiving）	心不在焉的（Distracted）
被排除的（Excluded）	失落的（Lost）	懷疑的（Doubtful）
失戀的（Jilted）	沒有把握的（Unsure）	**震驚的（SHOCKED）**
失落的（LOST）	不自在的（Uneasy）	震懾的（Agape）
缺乏引導的（Rudderless）	不知所措（At a loss）	嚇呆了（Aghast）

急切的（Agog）	嫌惡的（Averse）	疲倦的（Pooped）
啞然失色的（Flabbergasted）	遲疑的（Hesitant）	勞累的（Strained）
受到創傷（Stricken）	對抗的（Against）	軟弱無力的（Faint）
吃驚的（Jolted）	敵對的（Opposed）	渾身濕透的（Bedraggled）
驚愕的（Stunned）	好爭論的（Quarrelsome）	油盡燈枯的（Dried up）
目瞪口呆（Dumbstruck）	抗拒的（Resistant）	倦怠的（Listless）
猛然一驚（Startled）	不和諧的（Disharmonious）	無精打采的（Limp）
震撼的（Jarred）	反叛的（Rebellious）	超載的（Overloaded）
令人吃驚的（Astonished）	反對的（Oppositional）	苦惱的（Harried）
慌張的（Rattled）	頑固的（Stubborn）	令人煩擾的（Hassled）
嚇傻了（Dumbfounded）	倔強的（Recalcitrant）	被蹂躪的（Downtrodden）
茫然的（Dazed）	**疲累的（TIRED）**	衰竭的（Depleted）
驚呆了（Stupefied）	身經百戰（Battle-worn）	疲憊的（Exhausted）
嚇得一愣一愣的（Dumfounded）	憔悴的（Worn）	累垮了（Done-in）
大吃一驚的（Astounded）	透支的（Overdrawn）	喝醉的（Fried）
令人肅然起敬的（Awestruck）	筋疲力竭（Drained）	感到厭倦的（Weary）
負面的（NAGATIVE）	竭盡全力（Stretched）	完蛋了（Finished）

消沉的（Dispirited）	神經緊張的（Jittery）	靜不下來的（Restless）
衰弱的（Spent）	神經質的（Jumpy）	煩惱的（Fretful）
操心的（Careworn）	嚇到的（Scared）	有壓力的（Stressed）
沒力了（Used up）	受到威脅的（Threatened）	謹慎的（Guarded）
害怕的（AFRAID）	受驚嚇的（Terrified）	心煩意亂的（Ruffled）
恐懼的（Fear）	被嚇壞的（Spooked）	膽小的（Skittish）
動彈不得的（Boxed-in）	受驚的（Shaken）	心事重重的（Preoccupied）
走投無路的（Cornered）	不安的（Uneasy）	狂亂的（Frantic）
打寒顫（Chilled）	招架不住的（Overwhelmed）	亂七八糟的（Pell-mell）
可疑的（Suspicious）	驚慌的（Alarmed）	強迫的（Obsessive）
憂心的（Anxious）	擔憂的（Worried）	害羞的（Shy）
懷疑的（Doubtful）	**焦慮的（ANXIOUS）**	壓抑的（Overcome）
怯懦的（Cowardly）	氣餒的（Daunted）	顫抖的（Shaky）
顫抖的（Quaking）	羞怯的（Timid）	吵吵鬧鬧的（Jangled）
有危險的（Menaced）	複雜的（Knotted）	沒有安全感（Insecure）
擔憂的（Wary）	自我審查的（Self-conscious）	神經緊張的（Nervous）
受驚的（Frightened）	神經質的（Neurotic）	恐懼的（Dreading）

恐慌的（Panicky）	被徹底打敗的（Annihilated）	受迫害的（Persecuted）
氣餒的（Unnerved）	受到阻礙的（Rebuffed）	被貶損（Put down）
謹慎的（Cautious）	受到摧殘的（Brutalized）	受壓迫的（Oppressed）
坐立不安的（Antsy）	受到突襲的（Bushwhacked）	被藐視的（Slighted）
受傷的（HURT）	被嘲笑（Laughed at）	疼痛的（Aching）
宣告無效的（Invalidated）	痛苦萬分的（Agonized）	苦惱的（Afflicted）
被譴責的（Chastised）	心碎了（Heart-broken）	受傷的（Injured）
被漠視（Invisible）	不受尊重的（Disrespected）	受到冒犯的（Offended）
被調侃（Ridiculed）	受害的（Victimized）	被拒絕的（Rejected）
搞砸了（Screwed）	被侮辱（Insulted）	被毆打的（Assaulted）
被虧待（Wronged）	被拋棄的（Jilted）	垂頭喪氣的（Dejected）
受到貶抑的（Abased）	被欺騙（Cheated）	被虐待的（Tortured）
受打擊的（Punched）	受到貶低的（Devalued）	痛苦的（Pained）
被羞辱的（Humiliated）	被遺忘的（Forgotten）	受剝奪的（Deprived）
受到鎮壓的（Squashed）	被恐嚇的（Intimidated）	受折磨的（Tormented）
受剝削的（Burned）	被忽視的（Neglected）	悲痛的（Bleeding）
被責怪的（Blamed）	被打敗的（Defeated）	崩潰的（Crushed）

受虐待的（Abused）	被抹滅（Erased）	被詛咒（Cursed）
受傷害的（Damaged）	被陷害（Set up）	被貶低（Degraded）
受忽視的（Ignored）	物化的（Objectified）	被嚴厲批評（Damned）
受冷落的（Snubbed）	受到脅迫的（Railroaded）	下賤的（Debased）
被看輕的（Diminished）	受到嚴厲責備的（Reamed）	欺騙的（Cheated）
遭受背叛的（Betrayed）	被譴責（Denounced）	不忠的（Cheated on）
洩氣的（Deflated）	被去勢（Emasculated）	受剝奪的（Deprived）
受害的（VICTIMIZED）	被控制（Controlled）	受難的（Crucified）
受到霸凌的（Bullied）	被毀謗（Denigrated）	**不足的（INADEQUATE）**
受到壓制的（Quashed）	被欺騙（Deceived）	平庸的（Mediocre）
受到虧待的（Mistreated）	被愚弄（Bamboozled）	沒有優點的（Unworthy）
替人頂罪的（Scapegoated）	被虐待（Abused）	能力不足的（Incompetent）
受挫的（Eviscerated）	被打擊（Crushed）	沒有骨氣的（Spineless）
倒楣的（Jinxed）	被蒙蔽（Duped）	沒有安全感的（Insecure）
被蒙蔽的（Hoodwinked）	被吞沒（Devoured）	溫順的（Meek）
發展受阻的（Suffocated）	受責備（Dumped-on）	不夠的（Insufficient）
受到打擾的（Intruded upon）	被戴綠帽（Cuckolded）	無力的（Powerless）

無助的（Helpless）	虛弱的（Impotent）	被支配的（Dominated）
低劣的（Inferior）	癱瘓的（Paralyzed）	悲情的（Tragic）
無能的（Incapable）	受到束縛的（Straight-jacketed）	不幸的（Woeful）
沒有用的（Useless）	被困住的（Stuck）	受挫的（Frustrated）
不稱職的（Inept）	受到妨礙的（Stonewalled）	猶豫的（Hesitant）
不值的（Unworthy）	被管太多的（Micro-managed）	空虛的（Empty）
不中用的（Weak）	很爛的（Lame）	低劣的（Inferior）
可悲的（Pathetic）	沒用的（Useless）	疲乏的（Fatigued）
沒有價值的（Worthless）	脆弱的（Vulnerable）	孤單的（Alone）
居於劣勢的（One-down）	受阻的（Hindered）	被壓得喘不過氣（Overwhelmed）
有缺陷的（Deficient）	不動的（Immobile）	**漠不關心的（INDIFFERENT）**
衰弱的（Enfeebled）	無效的（Ineffective）	麻木的（Apathetic）
次等的（Second rate）	無意的（Futile）	沒有生氣的（Lifeless）
無助的（HELPLESS）	受逼迫的（Forced）	空虛的（Empty）
無能的（Incapable）	絕望的（Despairing）	無動於衷的（Bland）
被控制的（Controlled）	悽慘的（Distressed）	像機器人的（Robotic）
被壓制的（Stifled）	可悲的（Pathetic）	死氣沉沉的（Dead）

不感興趣的（Disinterested）	**幸福的（HAPPY）**	快活的（Sunny）
沒有情感的（Emotionless）	喜悅的（Joyous）	喜悅的（Merry）
無精打采的（Lackadaisical）	高興的（Mirthful）	得意的（Perky）
平庸的（Banal）	很棒的（Peachy）	喜氣洋洋的（Jubilant）
厭倦的（Blasé）	幸運的（Fortunate）	歡欣鼓舞的（Elated）
毫不在意的（Cavalier）	令人目眩神迷的（Giddy）	極度興奮的（Delirious）
冷淡的（Cold）	興高采烈的（Exuberant）	志氣昂揚的（Soaring）
厭煩的（Bored）	活潑的（Buoyant）	受重視的（Important）
不在乎的（Absent）	愉悅的（Delighted）	幸運的（Lucky）
中庸的（Neutral）	非常高興的（Overjoyed）	偉大的（Great）
令人生厭的（Weary）	愉快的（Gleeful）	神采奕奕的（Sparkling）
有所保留的（Reserved）	感恩的（Thankful）	生氣勃勃的（Bouncy）
不關心的（Nonchalant）	歡樂的（Festive）	極樂的（Blissful）
不敏感的（Insensitive）	狂喜的（Ecstatic）	**敞開的（OPEN）**
不在乎的（Uncaring）	心滿意足的（Satisfied）	善解人意的（Understanding）
遲鈍的（Dulled）	歡喜的（Glad）	準備好的（Ready）
心不在焉的（Mindless）	爽快的（Cheerful）	有信心的（Confident）

可靠的（Reliable）	勇敢的（Courageous）	清醒的（Awake）
親切的（Kind）	有活力的（Energetic）	多采多姿的（Colorful）
包容的（Accepting）	容光煥發的（Glowing）	光榮的（Glorious）
有接受性的（Receptive）	精神十足的（Spunky）	**好的（GOOD）**
滿意的（Satisfied）	放縱的（Liberated）	沉靜的（Serene）
有同情心的（Sympathetic）	樂觀的（Optimistic）	放鬆的（Relaxed）
愛冒險的（Adventurous）	有勁的（Peppy）	值得的（Deserving）
愛玩的（Fun-loving）	重生的（Reborn）	冷靜的（Calm）
精力無窮的（Boundless）	刺激性的（Provocative）	合宜的（Decent）
得意洋洋的（Exultant）	衝動的（Impulsive）	令人愉快的（Pleasant）
感興趣的（Interested）	自由的（Free）	輕鬆的（At ease）
自由的（Free）	活蹦亂跳的（Frisky）	舒適的（Comfortable）
令人驚奇的（Amazed）	生氣蓬勃的（Animated）	高興的（Pleased）
容易的（Easy）	令人激動的（Electric）	整潔的（Clean）
愛旅遊的（Aboard）	精神飽滿的（Spirited）	很棒的（Fabulous）
有活力的（ALIVE）	令人顫動的（Thrilled）	受到鼓舞的（Encouraged）
愛嬉鬧的（Playful）	美好的（Wonderful）	吃驚的（Surprised）

非凡的（Extraordinary）	溫柔的（Tender）	注意力集中的（Absorbed）
聰明的（Smart）	敏感的（Sensitive）	好奇的（Curious）
伶俐的（Clever）	關懷的（Caring）	注意的（Attentive）
滿足的（Content）	溫暖的（Affectionate）	覺察的（Aware）
安靜的（Quiet）	愛（Love）	有想像力的（Imaginative）
活潑的（Bright）	連結（Connection）	**強壯的（STRONG）**
滿意的（Pleased）	溫暖（Warmth）	吃苦耐勞的（Hardy）
放心的（Reassured）	**感興趣的（INTERESTED）**	強韌的（Tenacious）
確定的（Sure）	全神貫注的（Engrossed）	堅定的（Resolute）
肯定的（Certain）	愛探聽的（Snoopy）	穩定的（Stable）
有愛心的（LOVING）	愛管閒事的（Nosy）	權威的（Authoritative）
體貼的（Considerate）	關切的（Concerned）	堅忍不拔的（Persevering）
仰慕（Admiration）	被影響的（Affected）	恢復活力的（Revitalized）
熱情的（Passionate）	好奇的（Intrigued）	勇敢的（Brave）
投入的（Devoted）	入迷的（Fascinated）	獨特的（Unique）
著迷的（Attracted）	喜歡探詢的（Inquisitive）	有動力的（Dynamic）
可愛的（Cuddly）	著迷的（Rapt）	大膽的（Nervy）

道德的（Moral)	自信的（Assured)	有生產力的（Productive)
有影響力的（Influential)	可靠的（Solid)	緊張的（Pumped)
好爭吵的（Feisty)	有能力的（Capable)	誠懇的（Sincere)
叛逆的（Rebellious)	適任的（Competent)	充滿希望的（Hopeful)
坦率的（Outspoken)	英勇的（Courageous)	**可接受的（ACCEPTABLE)**
有把握的（Sure)	吃苦耐勞的（Hardy)	足夠的（Adequate)
合乎倫理的（Ethical)	**積極的（POSITIVE)**	還可以的（Okay)
肯定的（Certain)	有熱忱的（Enthusiastic)	夠好的（Good enough)
自由的（Free)	興奮的（Excited)	中等的（Average)
清晰的（Clear)	熱切的（Eager)	起作用的（Functional)
優雅的（Graceful)	激烈的（Keen)	正當的（Legitimate)
掌握中（In control)	認真的（Earnest)	**喜歡（CARED FOR)**
勇於正面對決的（Confrontive)	專心致志的（Intent)	仰慕的（Admired)
可信賴的（Reliable)	焦慮的（Anxious)	縱容的（Pampered)
能幹的（Able)	有決心的（Determined)	欣賞的（Appreciated)
有才能的（Accomplished)	受到激勵的（Inspired)	獲得接納的（Accommodated)
果斷的（Assertive)	受誇獎的（Complimented)	受人尊重的（Esteemed)

光榮的（Honored）	清明的（Clear）	有連結的（Connected）
感恩的（THANKFUL）	反應快的（Quick）	有同感的（Empathetic）
心懷感激的（Appreciative）	見多識廣的（Informed）	無私的（Selfless）
感謝的（Grateful）	觀察力敏銳的（Observant）	有同情心的（Sympathetic）
有義務的（Obliged）	能言善道的（Articulate）	厚道的（Gracious）
蒙福的（Beholden）	有想像力的（Imaginative）	奉獻的（Dedicated）
受別人恩惠的（Owing）	有邏輯能力的（Logical）	依戀的（Attached）
聰明的（SMART）	成熟的（Mature）	忠誠的（Loyal）
頭腦清楚的（Heady）	精明的（Sagacious）	慷慨的（Generous）
理解力強的（Intelligent）	有智慧的（Wise）	有感情的（Affectionate）
機靈的（Bright）	有技巧的（Skilled）	負責的（Responsible）
一針見血的（Accurate）	體貼的（Thoughtful）	溫暖的（Warm）
足智多謀的（Brainy）	通情達理的（Sensible）	滋養的（Nurturing）
專注的（Focused）	**關懷的（CARING）**	惹人憐愛的（Cuddly）
明智的（Brilliant）	仁慈的（Benevolent）	樂於溝通的（Communicative）
有見識的（Knowing）	有愛心的（Loving）	**放鬆的（RELAXED）**
果斷的（Decisive）	協調的（In tune）	平靜的（Calm）

愛說笑的（Breezy）	美麗的（Beautiful）
想睡覺的（Sleepy）	火辣的（Hot）
釋放的（Released）	標緻的（Gorgeous）
輕鬆的（Chill）	有趣的（Interesting）
沒問題的（Resolved）	時髦的（Dandy）
迷人的（ATTRACTIVE）	性感的（Sexy）
光彩奪目的（Captivating）	有風度的（Dapper）
漂亮的（Pretty）	懂得打扮的（Well-dressed）
風趣的（Funny）	相配的（Coordinated）
奔放的（Jazzy）	有型的（Stylish）
難以抗拒的（Irresistible）	溫文儒雅的（Debonair）
帥氣的（Handsome）	
英俊的（Good-looking）	
令人想要的（Desirable）	
吸引人的（Appealing）	
受歡迎的（Popular）	
可愛的（Lovely）	

參考資料

丹尼爾・高曼（Goleman, Daniel），《EQ》（*Emotional Intelligence*），時報出版，一九九六。

大衛・林登（Linden, David J.），《愉悅的祕密》（*The Compass of Pleasure: How Our Brains Make Fatty Foods, Orgasm, Exercise, Marijuana, Generosity, Vodka, Learning, and Gambling Feel so Good*），時報出版，二〇一一。

瑪莎・史圖特（Stout, Martha），《4%的人毫無良知，我該怎麼辦？》（*The Sociopath Next Door*），商周出版，二〇一三。

吉兒・泰勒（Taylor, Jill Bolte），《奇蹟》（*My Stroke of Insight: A Brain Scientist's Personal Journey*），天下文化，二〇〇九。

亨利・大衛・梭羅（Thoreau, Henry David），《湖濱散記》（*Walden*），高寶，二〇一三。

唐諾・溫尼考特（Winnicott, D.W.），《給媽媽的貼心書：孩子、家庭和外面的世界》（*The Child, the Family, and the Outside World*），心靈工坊，二〇〇九。

Ainsworth, Mary. "Infant-Mother Attachment and Social Development: Socialization as a Product of

Reciprocal Responsiveness to Signals." *The Integration of a Child into a Social World*. London: Cambridge University Press, 1974.

Baumrind, Diana. "Effects of Authoritative Parental Control on Child Behavior," *Child Development* 37.4 (1966): 887-907.

Bowlby, John. *Maternal Care and Mental Health*. Northvale, NJ: J. Aronson, 1995.

Isabella, Russell and Jay Belsky. "Interactional Synchrony and the Origins of Infant-Mother Attachments: A Republican Study." *Child Development* 62 (1991): 373-394.

Jacques, Sharon. *Horizontal and Vertical Questioning*. Couples Treatment Seminar, 2002.

McKay, Matthew and Patrick Fanning. *Self-esteem*. Oakland, CA: New Harbinger Publications, 1993.

National Institute of Health. National Institute of Mental Health. *Suicide in the U.S. Statistics and Prevention*. Bethesda, MD: National Institute of Mental Health, 2007.

Pleis, JR, Ward, BW and Lucas, JW. "Summary health statistics for U.S. adults: National Health Interview Survey, 2009." National Center for Health Statistics. Vital Health Stat 10 (249), 2010.

Stern, Daniel N. *The Interpersonal World of the Infant: A View from Psychoanalysis and Development Psychology*. New York: Basic, 2000.

誌謝

因爲我的個案願意在本書的案例分享他們在療程當中所發生的故事和感受到的痛苦，這本書才有辦法成形並化爲文字。對於他們的信任、坦白以及承諾，我要以極大的感激和敬意來表達我對他們深深的感謝。

爲了撰寫這本書，我必須仰賴許多人豐富的知識和大力的支持，像是我的家人、朋友和同事。我想要特別感謝其中一些人，他們讓我堅持下去，幫助我走完這個過程。

首先，我要深深地感謝丹妮斯・沃德隆（Denise Waldron），她在自己寫作的忙碌之餘，還挪出許多時間來閱讀、編輯我的書稿。丹妮斯對於細節的眼光是無價之寶，她揪出大大小小的不連貫和錯誤之處，並且幫助我修正，這樣的能力一直以來都讓我讚歎不已。

接著，我要感謝喬安妮・謝夫納（Joanie Schaffner）、LICSW、丹妮爾・迪托拉（Dr. Danielle DeTora）博士、以及尼可拉斯・布朗（Nicholas Brown），他們完美的回饋和想法，讓這本書的手稿變得更臻完善。謝謝麥可・費恩斯坦（Michael Feinstein），在我進行複雜而又重要的決定時，他不時地爲我提供他身爲企業家的洞見。謝謝我的經紀人麥可・艾保林（Michael Ebeling）相信這本書、相信我，並且引導我走過複雜的出版程序。

我要謝謝史考特・克雷頓博士（Dr. Scott Creighton）、凱薩琳・伯格（Catherine Bergh）、派

翠絲和恰克・艾伯納西（Patrice and Chuck Abernathy）、大衛・洪斯坦（David Hornstein）、以及南希・費茲傑羅・海克曼（Nancy Fitzgerald Heckman），他們每個人在我需要的時候，都能爲我提供特別的鼓舞，傾聽我、照顧我、或是幫我尋求他人的協助，讓這本書得以成眞。

最後，我想要對我的丈夫賽斯・戴維思（Seth Davis）以及兩個孩子莉迪亞（Lydia）和艾撒克（Isaac），表達我由衷的愛與感激，謝謝他們願意忍受我冗長的研究和寫作時間，而且從來沒有讓我懷疑過自己。如果沒有他們的支持、他們堅定的信心爲我撐腰，我不可能完成這本書。

國家圖書館出版品預行編目（CIP）資料

童年情感忽視：為何我們總是渴望親密，卻又難以承受？
/ 鍾妮斯．韋伯（Jonice Webb）著；張佳棻譯. -- 初版. -- 臺北市：橡實文化出版：大雁出版基地發行，2018.01
面；　公分
譯自：Running on empty: overcome your childhood emotional neglect
ISBN 978-957-9001-33-5（平裝）

1.兒童虐待　2.心理創傷　3.情感衝突

173.12　　106023776

BC1053
童年情感忽視：爲何我們總是渴望親密，卻又難以承受？
Running on Empty: Overcome Your Childhood Emotional Neglect

作　　者　鍾妮斯．韋伯博士（Jonice Webb, PhD）
譯　　者　張佳棻
責任編輯　田哲榮
協力編輯　劉芸蓁
封面設計　黃聖文
內頁構成　歐陽碧智
校　　對　吳小微

發 行 人　蘇拾平
總 編 輯　蘇拾平
副總編輯　于芝峰
主　　編　田哲榮
業　　務　郭其彬、王綬晨、邱紹溢
行　　銷　陳雅雯、張瓊瑜、余一霞、汪佳穎
出　　版　橡實文化 ACORN Publishing
地址：10544臺北市松山區復興北路333號11樓之4
電話：02-2718-2001　傳眞：02-2718-1258
網址：www.acornbooks.com.tw
E-mail信箱：acorn@andbooks.com.tw
發　　行　大雁出版基地
地址：10544臺北市松山區復興北路333號11樓之4
電話：02-2718-2001　傳眞：02-2718-1258
讀者傳眞服務：02-2718-1258
讀者服務信箱：andbooks@andbooks.com.tw
劃撥帳號：19983379　戶名：大雁文化事業股份有限公司

印　　刷　中原造像股份有限公司
初版一刷　2018年1月
初版七刷　2018年6月
定　　價　380元
I S B N　978-957-9001-33-5